# 中國學術思想 研究輯刊

八 編

林慶彰 主編

第 27 冊

## 章太炎的思想
## ——兼論其對儒學傳統的衝擊

王汎森 著

花木蘭文化出版社

國家圖書館出版品預行編目資料

章太炎的思想／王汎森 著—初版—台北縣永和市：花木蘭
文化出版社，2010〔民99〕

序 2+ 目 2+174 面；19×26 公分

（中國學術思想研究輯刊 八編；第 27 冊）

ISBN：978-986-254-211-8（精裝）

1. 章炳麟 2. 學術思想

128.4                                                    99002461

ISBN - 978-986-2542-11-8

9 789862 542118

中國學術思想研究輯刊
八 編 第二七冊                          ISBN：978-986-254-211-8

# 章太炎的思想

作 者 王汎森
主 編 林慶彰
總 編 輯 杜潔祥
出 版 花木蘭文化出版社
發 行 所 花木蘭文化出版社
發 行 人 高小娟
聯絡地址 台北縣永和市中正路五九五號七樓之三
　　　　 電話：02-2923-1455／傳真：02-2923-1452
網 址 http://www.huamulan.tw 信箱 sut81518@ms59.hinet.net
印 刷 普羅文化出版廣告事業
封面設計 劉開工作室
初 版 2010 年 3 月
定 價 八編 35 冊（精裝）新台幣 58,000 元

# 章太炎的思想
## ——兼論其對儒學傳統的衝擊

王汎森　著

## 作者簡介

王汎森先生，台灣大學歷史系、歷史研究所畢業、普林斯頓大學博士，現任中央研究院院士、歷史語言研究所特聘研究員，獲傑出人才講座（1999-2004），並任教於台大歷史研究所及清大歷史研究所，著有中英文專書數本及學術論文多篇。

## 提　　要

　　一、研究目的：章太炎是晚清革命陣營中，理論宣傳的健將，又是清末知識界的重鎮，故其人之政治思想及學術思想對近代中國皆曾有極大的影響，本文的目的便是想釐清其思想的面目。

　　二、資料來源：主要是以章氏的筆札文字為主，以同時代人之著作為輔。在章氏的著作中，又盡其可能的引用部分近年來才整理出版的未刊稿，由於本題的下限大致到民國八年為止，故章氏晚年所撰寫的大量文字，引用得不算多。

　　三、研究結果：茲依本文所分的七章，撮述研究成果之大要：

　　第一章：「生平」。對章氏的生平及思想變遷大勢作了一簡單的介紹，尤其著重在分析民國元年以前的生活。

　　第二章：「思想背景」，由於章氏秉承自傳統學術的成份非常濃厚，故此章著重在釐清他與乾嘉學說，晚清諸子學風，及章實齋之間的源承關係。又由於章氏不僅秉承傳統，並且一度竭力吸收西學，故本章亦敘其與嚴復之關係，佛學是章氏中年以後思想中的擎天一柱，故亦敘及。

　　第三章：「與清末今古文之爭」。敘述他對抗今文陣營的三階段，及他與康有為之間微妙的對抗關係。

　　第四章：「民族思想」，釐清章氏排滿思想之形成的過程，及他所以獨主光復，而不主革命，並及其種族思想，排滿的思想綱領及反帝國主義

　　第五章：敘述章氏的政治思想，包括其反代議、反立憲、誅政黨、平民主義及尊重傳統政治美德，新法家，過渡到五無的「偽政」及其齊物論。

　　第六章：「對儒學傳統之衝擊及影響」。從三個方面談章氏對傳統的衝擊，包括激烈詆孔，將六經歷史文獻化以致黃金古代之破滅及通經致用說之不得不止。另外，亦整理出章氏所極力揄揚的幾位歷史中的非正統（或異端）人物，並寄深意於其間。並敘章氏的學術及思想對民初新文化運動的幾位健將之影響。

目

次

# 新　序

　　本書原名《章太炎的思想（1868～1919）及其對儒學傳統的衝擊》。因為本書敘述的範圍大抵止於新文化運動時期的章太炎，故當初在《章太炎的思想》後題上年代，不意引起不少誤會，因而改題今名。

　　當作者著手撰寫此書時，一方面因當時關於太炎的系統研究不多，故可供參考的論述實在有限，二方面是格於當時的政治現實，以致無緣得見不少相關論著，所以下筆之時，大多重頭起造，從零碎的枝節中試著構建太炎的思想世界。我想，如果能有機會重寫此書，作者必花較多時間及篇幅在概念化上而省略枝節。可惜因為此書的紙型已經遺失，故任何重大的改動只能俟諸他日。

　　我想借重寫此序的機會，列舉一些本書出版後，我個人所見到的各種語文中關於太炎研究的專書。首先是上海人民出版社所發行的《章太炎全集》；該書匯集大量學者的心血，待其完全竣事之後，必能給未來的研究者提供莫大方便。此外，像姜義華《章太炎思想研究》（上海人民出版社，1985 年 8 月）；章念馳所編的《章太炎的生平與學術》（三聯書店，1988）及《章太炎生平與思想研究文選》（浙江人民出版社，1986）；唐文權、羅福惠的《章太炎思想研究》（華中師大出版社，1986）；汪榮祖的《康章合論》（聯經出版公司，1988）等。另外如幾種太炎文稿手迹的整理出版，如吳承仕藏《章炳麟論學集》（北京師大，1982）及《章太炎先生學術論著手迹選》（華東師大，1986）。此外，還有一些傳記及單篇論文。外文論述中，除了一部德文的太炎傳記外，大多是論太炎民族思想和革命的英文作品。如 Wong Young-tsu, *Search for Modern Nationalism: Zhang Binglin and Revolutionary China, 1869～1936*（Oxford Univ.

Press, 1989），Kauko Laitinen, *Chinese Nationalism in the late Qing Dynasty: Zhang Binglin as an Anti-Manchu Propagandist*（Curzon Press, 1990），日本學者島田虔次原著，Joshua Fogel 英譯的 *Pioneer of the Chinese Revolution: Zhang Binglin and Confucianism*（Standford Univ. Press, 1990）等。同時，香港大學也於近年召開過一次有關章太炎的國際學術會議。從這些迹象看來，太炎研究已逐步蔚爲大國了。

由於時間的限制，我個人在完成此書後，雖曾斷斷續續做過一點關於太炎的研究（主要是關於太炎與聯省自治運動、及太炎後期思想變化等）但終不得時間仔細寫定。在本書出版後斷續接觸到的一些史料中，更有不少足以印證或擴充舊說的。譬如過去在討論太炎思想與胡適的關係時，未曾見到毛以亨的〈初到北大的胡適〉，後來在整理傅斯年先生的遺物時得讀此篇。毛氏是當時北大學生，對太炎與胡適之思想關聯有生動的觀察。他說：「據我所知，胡先生之墨子，係取太炎先生的說而發揮之（在港遇錢賓四，賓四亦以爲然），其實豈只墨子，胡先生乃唯一能發揚太炎之學的人。」又說「他在西齋時，即將《章氏叢書》，用新式標點符號拿支筆來圈點一遍，把每句話都講通了，深恐不合原意，則詢於錢玄同，玄同不懂時，則問太炎先生自己」、「太炎先生詆胡先生不懂小學。我曾對他說，你的學問，當以胡先生爲唯一傳人，你的話只爲他能完全懂得而加以消化，並予以通俗化」。則章胡二人的思想關係可知矣。此外像《吳虞日記》出版之後，吳氏及當時四川新學界受太炎思想洗禮的實況就更清楚了。

愈深入探索章太炎的思想世界，愈能感受到其迷離萬狀。太炎的種族思想是今人讀之最覺荒謬怪異的部份，他對異族近乎非理性旳排斥態度，與中國傳統的思維方式是相決裂的，但卻是在晚清革命中發揮最大影響力的文字，張繼便曾回憶這些文章在當時長江中下游士大夫間形成了無以估計的影響。它之所以有力，可能是因爲古雅的學理中包著最激烈極端的思想吧。太炎的思想主軸是愛國，爲了愛國，他可以自由選取或拒斥各種文化、政治資源，以致有許多看來互相矛盾的地方。近代中國在愛國保種的掙扎下，使得它的文化經歷了一次高分子變化，結果將整個傳統的內容徹底攪翻了。本來，中國傳統文化的內容是極爲複雜的，而且充滿緊張性，在外力威逼之下更促成了重組與變化。同時，文化的承擔者間也有種種複雜的反應。受傳統學術文化最深刻薰陶的人並不一定支持傳統，受傳統文化教育極少的人，也不一

定對傳統價值採冷淡或反對態度。革命的人不一定反傳統，而反傳統之人也不一定支持西方思想或現代民主代議制度。痛恨過去歷史的人，並不一定支持或提倡任何新的改革，而痛恨現況卻又對未來感到猶豫的人，也不一定懷念過去的狀態，此正所謂恨暴秦者並不一定思六國。參與某一變革活動的人，常只是在那歷史性的特定時刻爲了某些相近似的特定目標而聚集在一起，但是變革之後，每個人對下一個終點的定位與取徑之間，有些人止於此，有些人止於彼，經時間的淘洗而日漸分離。

晚清的復古運動也有相當類似的多歧性。在這一個運動下，各方擁護者其實有相當不同的想法，有的眞正信仰古典時代的文化價值。有的是對現實不滿，而以「古」爲武器來對抗現代。有的是在對當前思想狀況不同意，而「智識資源」又有限的情況下，「古」對他們而言便是思想轉換的一個象徵。有的是因爲傳統的壓力太大，故不得不在「古」的名號下偸樑換柱。有的則是想在思想極度混亂、空虛的時代，尋找一個定點。有的是因爲對異族政權不滿，而想回頭尋找更純粹的漢族文化型式。有的則是因現實變局等因素，而對漢以下儒家獨尊的局面感到不滿，故想復興儒術獨尊前的中國文化狀態等等，不一而足。但他們在復古這一點上是類似的，而且在當時大多眞誠相信他們所擁護的主張。可是經過時間的淘洗，再加上每個人的性格因素，不同的發展便紛紛呈現，譬如有些成爲激烈的反傳統主義者，有些則始終持保守態度。這些都是我重寫此序時的一點斷想。

1992 年

# 第一章　生　平

## 一、家　世

　　章氏名炳麟，字枚叔（一作「梅叔」），初名學乘，浙江餘杭人。清同治七年（1868）十一月三十一日生。因羨慕顧炎武之爲人，改名絳，別號太炎。

　　章太炎的祖父章鑒，精於醫術，其父章濬（字輪香）亦擅醫，曾客譚鍾麟所；〔註1〕並一度擔任杭州詁經精舍監院。章太炎擅長醫術，即受其父、祖影響；他進入詁經精舍讀書，主要是因其父之「遺訓」。

　　太炎十一、二歲時曾從其外祖父朱有虔受業，受其啓發民族大義。章氏自言：「自十六、七歲時讀蔣氏《東華錄》、《明季稗史》，見夫揚州、嘉定、戴名世、曾靜之事，仇滿之念因已在胸」，〔註2〕但他的回憶可能有些誇大，因爲實際上要到光緒廿六年（1900）左右，其倒滿主張才爆發出來。

## 二、詁經精舍

　　當他十六歲（光緒九年，1883）時，奉父命赴縣應童子試，因顛癇之疾而未果，遂輟制義，放棄功名，步入與同時代其他士子完全不同之路。隔年（十七歲）他上書李鴻章，自稱其學「一以荀子、太史公、劉子政爲權度」，〔註3〕並提出種種政治改革的方案，但似未獲任何回音。

---

〔註 1〕湯志鈞，《章太炎年譜長編》（北京：中華書局，1979年。以下簡稱《長篇》），頁3。
〔註 2〕同上，頁6。
〔註 3〕同上，頁8。

　　章氏在家自修至二十二歲，所讀以傳統經學著作爲主，其中尤以清代漢學考證著作爲最大宗（如《學海堂經解》及《南菁書院經解》）。廿三歲時，其父卒，他進入全國漢學重鎮──杭州「詁經精舍」，在這裏渡過漫長的八年，精研故訓，博考事實，治學的路數與乾嘉漢學大抵相似，同學中較知名的有崔適、尤瑩、楊譽龍、馮學書、章炳業、章梫、湯聘伊、費有容等。〔註4〕他在「精舍」中的表現相當傑出，〔註5〕但就在這平靜的八年中，經舍外面的世界卻有了極大的變化。

　　先是光緒十四年（1888）多月，康有爲上書請求變法，繼則在光緒廿七年（1891），康氏刊行《新學僞經考》，變法派的勢力日大。三年後，中日戰爭爆發，隔年即簽定了辱國的「馬關條約」，康有爲趁在京應試機會，聯合各省應試舉人發動「公車上書」，請求「拒和」、「遷都」、「練兵」、「變法」；隨即呈送「上清帝第四書」，提出「設議院以通下情」的主張，並在北京籌設「強學會」，旋又設上海「強學會」。在這一連串重大的變動下，一個夙來關心政治的敏感知識份子心中所受的刺激之大可想而知。經籍上的知識已無法對現實的變動提供任何有效的回應，但聖人的教訓又使他們以天下國家爲己任。在所習知識與致用之間幾乎無法取得協調的困況下，在零碎的考據無能有補時艱的窘境下，章氏內心必定充滿掙扎。由他在光緒廿一年（1895，廿八歲）受甲午戰爭失敗之刺激，寄會銀十六圓加入強學會〔註6〕之舉，即可測知一、二矣。

　　光緒廿二年（1896），梁啓超與夏曾佑集資在上海辦《時務報》，遣葉浩吾至杭州，請他任撰述，其師譚獻嘗加苦留，俞樾更是反對，〔註7〕但章氏主意已決，毅然於年底走出詁經精舍，加入康梁的陣營，此舉引起俞樾極度的不悅。但這是章氏生命中的一個重要抉擇點，如果他選擇株守精舍，則可能只以經生終其身。

## 三、「與尊清者遊」

　　當時康黨的最大主張有兩個：一、變法維新，二、提倡孔教。章太炎加

---

〔註4〕同上，頁35。
〔註5〕「詁經精舍」選舍生的佳作，輯入《詁經精舍課藝》。在第七集（自光緒十六年～十九年）中，就選錄了章太炎十七篇課藝，足見其成績之一斑，請見《長編》，頁18。
〔註6〕同上，頁26。
〔註7〕同上，頁43。

入康、梁的陣營是爲了前者，而他後來匆匆脫離，則是因爲後者。

　　他擔任《時務報》的職務不過四個月左右，便因反對孔教而被康之門徒「攘臂大哄」，憤而離開。其實此一結局是必然要發生的，試加追溯即知：章氏因尋求變法維新心切，故加入康、梁陣營，但他對今文孔教之說卻久已不慊。早在詁經精舍時，私下即曾撰文駁《僞經考》，並撰《左傳讀》等，以與今文家相抗，但始終隱未發刊。他與康梁在一起，所撰文字雖不知不覺沾染了不少今文經說，〔註8〕但對康氏門徒之視康爲「教皇」、「南海聖人」依然極爲不滿，〔註9〕起初藏蘊在胸，最後終致決裂。但章氏離開《時務報》後，所撰文字依然袒護康黨（如〈祭維新六賢文〉、〈答學究〉等），主要還是因他這時仍支持康氏的革政之旨。離開《時務報》後，章氏另與宋恕、陳虬等合辦《經世報》，並不時爲《實學報》及《譯書公會報》撰稿。後來，收在《訄書》原刊本中的大部份文章，就是在這一時期寫成的。

　　光緒二十四年（1898），章太炎三十一歲。因湖廣總督張之洞素不喜公羊學派，且又似曾讀章氏攻駁今文家的《左傳讀》，〔註10〕故招章氏至武昌，囑他幫辦《正學報》，但未出刊而止。〔註11〕章氏旋即離開武昌，其中原因甚多，主要是他與張之洞的思想不能相合，私下又有詆清論調，聞者或報告於張之洞，致引起張氏的憂慮，遂謝之，太炎乃離去，〔註12〕於是年七月抵滬，參與汪康年的《昌言報》。

　　八月，戊戌政變發生，章氏撰寫〈祭維新六賢文〉表示痛悼與憤慨，因「鉤黨令」甚急，故渡海來臺，充《臺北日報》記者，並爲臺灣學務官館森鴻修訂文字。但臺灣氣候蒸濕，少交遊者，館森氏又係宗桐城文派者，〔註13〕與章不甚相得，處之半歲，意興皆盡，乃又於光緒二十五年（1899）五月渡日本，依梁啓超於橫濱，並首次遇見孫中山先生，相與談論排滿方略，稱讚

---

〔註8〕如他在光緒廿三年（1897）任職《時務報》時，寫給好友汪康年的一封信上就大談今文家的「大一統」、「通三統」，並就《齊詩》五際以言「革命」與「革政」之別。見《長編》，頁41。

〔註9〕同上，頁42。

〔註10〕關於張之洞招章太炎事，有謂係陳衍推薦者，見錢基博《現代中國文學史》（臺北：文馨出版社，1976年），頁63。有謂係因張氏讀其《左傳讀》（如錢玄同），此一公案甚難解決。

〔註11〕《長編》，頁89。

〔註12〕同上，頁64。

〔註13〕同上，頁75。

孫中山的「浴血」之意爲「卓識」。〔註14〕章氏之所以傾向革命恐與這次談話有關。留東二月左右即返至上海，識唐才常。

　　光緒廿五～廿六年（1899～1900）是章太炎思想激烈轉變的時期。在政治方面，他已由改良漸漸轉變成激烈的倒滿革命。但因他認爲當時的中國是「時弊」，而非「法弊」，因所有「時弊」的根源都與異族統治有關，故立憲改制並不能解決它；故對宋恕（平子，1862～1910）說：「當前不可苟效立憲政以迎之，莫若理其本。理其本者，當除胡虜而自植」。〔註15〕在思想上，章氏開始主張孔門儒術之眞精神是「無神」及「以天爲無明」，並撰〈菌說〉批判西洋的上帝。他顯然是欲藉此新說以與康有爲的孔教派持異。

　　這時章氏另有兩篇文字最值得重視——〈客帝〉（光緒廿五年，1899 年 4 月）及〈分鎮〉（光緒廿五年，1899 年底）。但這兩篇文字後來也最爲太炎所悔恨，曾特別著文以「自劾」。〔註16〕實際上，它們正是章氏內心激烈轉變的表徵。在〈客帝〉中，他主張以孔子後裔爲帝，實暗排斥清帝。在〈分鎮〉中，鼓勵督撫分權，實欲架空清廷。故由太炎最自慚，認爲太過依戀清廷的這兩篇文章中，卻充份看出他的心態已經轉向倒清。

## 四、「割辮與絕」

　　光緒廿五年（1899）冬，章太炎在上海參加唐才常主持之《亞東時報》的編務，擔任主筆，並至「誠正學堂」擔任漢文教習，《訄書》原刊本亦於是年付梓（印成於光緒廿六，1900 年 7 月前）。〔註17〕這部書大致是章氏尚未割辮與清廷絕，但卻又與康、梁分途時思想的總反映。

　　唐才常於光緒廿六年（1900）七月，首次在上海「張園」舉辦「國會」，參加者八十餘人，章太炎亦與焉。〔註18〕太炎認爲「國會」會章中有「務合海內仁人志士共講忠君救國之實」一語，既宣言獨立，又以勤王爲名，是首鼠兩端，憤極，乃當眾宣佈脫離「國會」，並自剪其髮辮以示與清廷絕。〔註19〕是年

〔註14〕同上，頁 82～83。

〔註15〕同上，頁 86～87。

〔註16〕見《訄書》（臺北：世界書局，1971 年），頁 6、頁 10。

〔註17〕《長編》，頁 95。

〔註18〕李守孔，〈唐才常與自立軍〉，輯於吳相湘編《中國現代史叢刊》（臺北：文星書店，1964 年），第六冊，頁 98～99。

〔註19〕《長編》，頁 92。

七月二十七日，唐才常所領導之自立軍失敗，章氏亦被追捕，他以素非同謀，不甚畏懼，歸故鄉度歲，乃又將甫出版不久的《訄書》原刊本加以改削，重擬「目錄」。

　　光緒廿七年（1901），由至交吳君遂介紹，章氏赴蘇州東吳大學任教。此時其師俞樾已衰老，太炎往謁，俞「督教甚厲」，責以「不忠不孝」，章氏反問曰：「弟子以治經侍先生。今之經學，淵源在顧寧人，顧公爲此，正欲使人推尋國性，識漢、虜之別耳，豈以劉殷、崔浩期後生也？」乃「謝本師」而退，並撰文著其事曰：

　　　　先生既治經，又素博覽，戎狄豺狼之說，豈其未喻，而以唇舌衛扞
　　　　之？將以嘗仕索虜，食其廩祿邪？〔註20〕

足見其時倒滿意志之堅。章氏在東吳大學掌教將近一載，因言論恣肆，又以「李自成胡林翼論」爲學生作文題，引起江蘇巡撫恩銘之注意，親往學校查問，乃亟逃走，在光緒廿七年（1902）正月十五日東渡，得機再度與孫中山先生談，大悅。對於土地租稅問題及革命成功後定都的問題多所商議。〔註21〕是年三月十九日，適逢崇禎殉國日，章氏與秦力山徵得中山先生及梁啓超之同意，在東京舉辦「支那亡國二百四十二年紀念會」，因被日警所阻，改在橫濱補行紀念式。「紀念會書」出自章氏手筆。

　　章氏此番留東，逗留五個月左右，頗受日本學界之影響，尤其是接觸到社會學書籍，乃欲援以改革中國舊史學。回國之後，爲上海「廣智書局」「藻飾譯文」，並動手譯述日本學者岸本能武太的《社會學》一書，接著繼續刪革原刊本《訄書》，成爲光緒卅年（1904）在東京翔鸞社鉛字排印的重印本《訄書》。

## 五、蘇報案

　　光緒廿九年（1903），章氏因友人蔣觀雲而得識蔡元培，遂與鄒容、章士釗共授學於上海愛國學社，此期間一度對讀書與經世之不能協調，發生嚴重掙扎；自言曰：「在學社久……私自尋理，乃知讀書爲玩物喪志……亦謂全學社中宜毀棄一切書籍，而一以體操爲務」。〔註22〕鄒容著《革命軍》，太炎爲之序，章士釗亦就《蘇報》昌言革命。因康有爲前撰〈與同學諸子梁啓超等論印度亡國由

---

〔註20〕同上，頁 121～122。
〔註21〕同上，頁 132。
〔註22〕光緒廿九年（1903）四月二十二日〈與吳君遂書〉；轉引見《長編》，頁 161。

於各省自立書〉及〈答南北美洲華商論中國只可行立憲不可行革命書〉，太炎遂於五月五日在《蘇報》上發表〈駁康有為論革命書〉的主要部份。次日，「蘇報案」發生，章氏被捕下獄（章氏認係吳稚暉告密，從此二人水火不容）。不久，鄒容接章氏函，亦自投入獄。五月十二日，《蘇報》載章氏之〈獄中答新聞報〉，宣稱：「逆胡羶虜，非我族類，不能變法當革，能變法亦當革；不能救民當革，能救民亦當革」。〔註23〕此案因各國領事及工部局之堅持，拒絕清廷引渡，故在租界中審鞫，由中國政府控告章氏及鄒容「大逆不道，煽惑亂黨，謀為不軌」，章氏譏曰：「彼自稱為中國政府，以中國政府控告罪人，不在他國法院，而在己所管轄最小之新衙門，真千古笑柄」，〔註24〕「自是革命黨與清廷居然有敵國之勢矣」。〔註25〕蘇報案審理過程遷延甚久，後終於次年光緒卅年（1904）四月判定章氏監禁三年，鄒容監禁二年。此案震動中外，對革命運動之推展貢獻至鉅。

章氏在獄中三年，有兩件大事足記。第一、光緒卅年（1904）冬天，陶成章、龔寶銓、蔡元培等在上海成立「光復會」（又曰復古會），該會成立時，章氏雖在獄中，未親與其事，但是會之組成，與章太炎有深遠關係——因它的前身是「軍國民教育會」，「軍國民教育會」之前身乃「支那亡國紀念會」，而章氏是此會的主要發起人之一。〔註26〕第二、章氏在獄中，專修佛學，日夜研誦《瑜珈師地論》、《成唯識論》、《因明論》等書，認識到：「瑜珈」義理之深實「不可加」，〔註27〕對他的思想造成了重大的改變（關於這一點，本文將陸續述及）。光緒卅二年（1906）五月章氏出獄，隨即被迎往日本，擔任《民報》主編。

## 六、清季的革命宣傳

從光緒卅二～宣統三年（1906～1911），是章氏一生最多采多姿的時期，其中又可約略劃分成兩段，而大致以光緒卅四年（1908）《民報》被封禁為分水嶺。

---

〔註23〕〈獄中答新聞報〉，轉引自《長編》，頁172。
〔註24〕〈獄中與吳君遂張伯純書〉，同上，頁173。這幾句話原出章、鄒的辯護律師之口，見《中華民國開國五十年文獻》（臺北：中華民國開國五十年文獻編纂委員會，1963年）第一編第十冊，頁542。
〔註25〕《太炎自定年譜》（臺北：文海出版社，《近代中國史料叢刊》第六七二）三十七歲條，頁10。
〔註26〕《長編》，頁196。
〔註27〕〈自述學術次第〉，載《太炎自訂年譜》附錄，頁53。

　　章太炎在日本期間所從事的革命宣傳之主要綱領，由他在《民報》歡迎會上的演說辭中充份表現出來——「以宗教發起信心，增進國民道德；以國粹激勵種性，增進愛國熱腸」。〔註28〕由這一個綱領，可以發現：他一面在《民報》上提倡排滿及虛無，並時作「佛聲」；同時寄文章回國，討論國學問題。這兩件工作在章太炎自己看來，都具有現實政治的意義。

　　光緒卅一年（1905）十一月創刊的《民報》，從第七號（1906 年 9 月 5 日出版）起，由章氏主筆政，編至第十八號，章氏以腦病辭職，直到第二十三號，又由章氏主編，至第二十四號（1908 年 10 月 10 日），《民報》被封禁為止。這一段時間內，章氏除了主編《民報》外，並從事學術講授。從光緒卅二年（1906）起，開辦「國學講習會」，並發行《國學振興社講義》。聽講者有馬裕藻、沈兼士、沈士遠、任鴻雋、任鴻年、景耀月、康寶忠……等。除了這個公開的學術活動外，從光緒卅四年（1908）四月起，章氏並於每週日在寓所內為朱蓬仙（宗萊）、龔未生（寶銓）、朱逖先（希祖）、錢中季（夏，即錢玄同）、周豫才（樹人，即魯迅）、周啟明（作人）、錢均夫（家治）等七人授課。〔註29〕這批學生後來對民初知識界產生了很大的影響（詳第六章）。此外，光緒卅三年（1907）八月三十一日，章氏與張繼、劉師培等合辦「社會主義講習會」，除章、張、劉外，陶成章、幸德秋水、堺利彥、大杉榮、山川均等都是主講人，聽講者從二十餘人至百餘人不等。至於政治活動方面，章氏於光緒卅三年（1907）春，與幸德秋水及各國志士創「亞洲和親會」，但未能有任何實際建樹。〔註30〕

　　一直到光緒卅四年（1908）《民報》被封禁為止，章氏刊於《民報》的文字，主要特徵是「以佛學易天下」，〔註31〕鼓吹排滿及虛無，表面看來，已逐漸背離了該刊第三期胡漢民所定的「六大主義」。而且，章氏激烈攻擊基督教，又與孫中山派衝突，他們認為此舉會損失大量支持者。此外，「社會主義講習會」主張激進，與孫中山的溫和主義亦頗有距離，在同盟會內部，已經出現

〔註28〕〈東京留學生歡迎會演說辭〉，見湯志鈞編《章太炎政論選集》（北京：中華書局，1977 年）（上），頁 272。原載《民報》第六號，光緒卅二年（1906）六月五日出版。
〔註29〕關於當時講學之情況，可參考周作人《瓜豆集》（臺北：里仁出版社，1982年），〈關於魯迅之二〉，頁 240。及氏著《知堂回想錄》（香港：1970 年），頁 216，222～225。
〔註30〕吳相湘，《孫逸仙先生傳》（臺北：遠東圖書公司，1982 年），頁 628。
〔註31〕《長編》，頁 243。

了思想路線的分歧，一部份是廣東派，另一部份是章太炎等。光緒卅四年（1908）九月，第二十四期《民報》被日本政府封禁。日本政府所持理由爲：（一）《民報》廿四期刊載（湯增璧）〈革命之心理〉一文，鼓勵暗殺；（二）《民報》發行人及發行地未作登記。這兩個理由顯然皆是藉口。關於前者，早在《民報》二十一期，即有〈帝王之暗殺時代〉一文，內容與〈革命之心理〉相近，但當時並未受到任何干涉。關於後者，章氏辯稱：「偶然失誤，未曾報告」，亦是實情。〔註32〕故封禁《民報》的真正理由是章太炎所說的：「此事關於外交，不關法律」。〔註33〕

早在光緒卅三年（1907）八月中旬，日本駐華阿部守太郎公使，爲了顧全邦交，即要求政府取締《民報》等七種雜誌，但未被接受。〔註34〕隔年，唐紹儀使美經日時，和日本政府交涉，唐氏一用中美聯盟威脅日本，二用間島領土、撫順、煙臺煤礦和新法鐵路的權益引誘之，日本政府乃同意處置《民報》。〔註35〕故章氏雖提出有力的答辯，日本政府依然判決：封禁當期《民報》，科處罰金，並要求《民報》改變革命宗旨。章氏認爲日本政府要求《民報》改革它的革命宗旨，實際是等於永遠禁止《民報》，故一度準備移往美國發行，後因各種困難而未果。〔註36〕

在處理《民報》封禁事上，黃興、宋教仁與章氏分裂成二派。黃、宋反對章氏發表的〈讓內務大臣書〉措詞太過激烈，而且到處散發油印傳單「請看東胡、倭奴對《民報》惡劣手段」侮辱日人，他們認爲此舉將失去日本人對同盟會之支持。〔註37〕加上章氏在《民報》上所發表的文章又徹底反對立憲、代議政治，與孫中山先生所預期的共和政治理想重相違背。這些摩擦使他與孫中山派益形神離，但表面上仍未爆發出來。直到光緒卅三年（1907）正月，章、孫二人才正式決裂。當時的過程大抵是這樣的：日本政府應清廷之請，驅逐孫先生離開日本，孫先生於離日前獲得日本政府饋金五千，股票商鈴木久五郎饋金一萬，他以二千元留《民報》，餘大張宴席及充軍費，引

---

〔註32〕唐振常〈民報封禁事件諸問題〉；收在氏著《章太炎吳虞論集》，頁48～49。
〔註33〕同上，頁60。
〔註34〕同上，頁57。
〔註35〕同上，頁50～51。不過，日本外務省外交史料館之《民報關係雜纂》中並未見唐紹儀與日本政府交涉的記載，同前書，頁51。
〔註36〕同上，頁69。
〔註37〕張玉法，《清季的革命團體》，頁479。

起章氏非議。是年三月，在同盟會內部，張繼、章太炎、陶成章、劉師培掀起攻孫風波，欲以黃興代孫，而爲黃興所拒。自光緒卅三、四年（1907、1908）萍醴之役後，張之洞、端方嚴緝同盟會首要份子，《民報》被禁，國內銷行數減少一半，該社不再能自給自足。《民報》經費艱困，〔註38〕章太炎數向孫中山請援未果，更爲氣憤。光緒卅四年（1908）底，章氏一度擬赴印度爲僧，自云：「非速引去，有歐血死耳」。〔註39〕衡情而論：當時孫中山因將重點放在策動軍事革命上，需款孔急，實在無力援助《民報》。加上當時論戰中心已移至南洋，故亦自然疏忽了《民報》，〔註40〕但章氏認爲他有意離棄。

宣統元年（1909）秋天，《民報》改由汪精衞主編，共出二期，託言巴黎發行，實則仍在日本秘密印刷，汪氏並拒絕章太炎投稿。章氏與孫中山派的衝突演至最烈，章氏在《日華新報》上，發表〈僞民報檢舉狀〉，惡罵孫、汪等人，〔註41〕孫乃囑由吳敬恆在巴黎《新世紀》周刊上連續作文譴責章太炎（及陶成章），〔註42〕並由黃興及劉揆一聯名發表「致美洲各華僑報館同盟會員公開信」，指責章、陶。接著吳敬恆又於《新世紀》上刊登〈章炳麟與劉光漢及何震書五封〉，揭斥章氏曾欲要求端方資助赴印度事，章氏名譽大壞。這一場爭隙，導致同盟會與光復會正式分裂，接著中部同盟會又成立，革命派幾乎恢復到光緒卅一年（1905）同盟會未組前的群龍無首狀態。

先是陶成章從光緒卅三年（1907）以來便嚴厲攻詰孫中山，使得孫在南洋力量大蹙。宣統元年（1909），章、陶決心重組光復會，並舉章爲會長，藉資號召，陶則在南洋募捐，頗有所成，計劃進行「中央革命」。不過，光復會的組織相當鬆散，而章太炎亦不甚任事。他們創辦了《教育今語雜誌》，以「保存國故，振興學藝，提倡平民普及教育」爲宗旨，但因爲銷行不佳，旋即停刊；之後，又辦《學林》，亦出二冊即止。

---

〔註38〕 吳相湘，《孫逸仙先生傳》，頁645。
〔註39〕 〈題曼殊自題小影〉，轉引自《長編》，頁298。
〔註40〕 張玉法，《清季的革命團體》，頁478。
〔註41〕 〈僞民報檢舉狀〉曾由巴黎《新世紀》轉載，但非全文。大陸研究者朱維錚、姜義華在章氏家藏舊稿中發現了全文剪報，並收入二氏編《章太炎選集》（上海：人民出版社，1981年）中。章氏在這篇〈檢舉狀〉中甚至罵「孫文本一少年無賴」，見《章太炎選集》，頁492。
〔註42〕 見《長編》，頁311～312。

## 七、辛亥之後

由於本文大致是以民國八年為下限,故對民國以後章氏的活動所作敘述當較簡易。

章太炎對於革命事業的負面影響,是他導致了同盟會的分裂;而其正面的建樹,則是鼓吹排滿及對抗維新派,甚至連「中華民國」一名也是源自他的文章。章太炎是在不敢置信的情況下得悉革命成功的消息。他隨即整裝歸國,不久,與程德全等著手組織中華民國聯合會,擔任會長。同時,對民國政制多所擘畫,〔註43〕但因其見解有訴諸傳統政法美俗的傾向,對於共和政體多所非難,故建議少被採納。

章氏回國後,便多與同盟會立異。他除提出「革命軍起,革命黨消」外,並在建都等問題上廣泛與同盟會發生爭議。此時,他把中國的希望完全寄託在袁世凱身上。

民國元年三月,「中華民國聯合會」合清季張謇所領導之「預備立憲公會」改名為「統一黨」,標榜「不取急躁,不重保守,惟以穩健為第一要議」,〔註44〕章太炎是這個新黨的五名理事之一,但過不久,他因反對「統一黨」併入「共和黨」而竟被逐。此後,太炎一度與馬良、梁啟超等發起「函夏考文苑」(仿法蘭西學院),但未獲政府支持。是年冬,太炎被袁政府任命為東三省籌邊使,他懷著「統一幣政」、「興礦」、「開墾」等宏願前往長春就任,但這個單位僚屬僅十人,既鮮事,經費亦少;宋案發生後不久即行辭去。在籌邊使任內他的唯一政績就是繪製了一幅黑龍江省精細地圖。

民國二年的刺宋案使章氏對袁世凱完全失望,故亦漸由擁袁而反袁。是年五月,他赴武昌謁黎元洪,囑目黎氏支撐政局,並致電袁世凱,請去梁士詒、陳宦、段芝貴、趙秉鈞「四凶」。〔註45〕是年六月,章太炎與吳興湯國黎在上海哈同花園舉行婚禮。〔註46〕由他這年七月的一封〈致伯中書〉中,可

---

〔註43〕如 1911 年 12 月 1 日發表的「宣言一~九」即是,見《章太炎政論選集》(北京:中華書局,1977 年)(下),頁 526~529。

〔註44〕〈統一黨第一次報告〉,載於民國元年三月三日《大共和日報》。轉引自《長編》,頁 393。

〔註45〕此電文原刊民國二年五月十四日《民主報》,轉引自《長編》,頁 432。

〔註46〕章士釗云:「章太炎因幼有羊癲之疾,家人不為娶妻,遂私婢而得子三人。故他曾有〈與吳君遂書〉云:『無妃匹之纍,而猶有弱女三數』;見《柳文指要》(臺北:華正書局影印本,1981 年)(上),頁 328。

以看出他反袁意志已堅；他在這封信上說：「就財政一端觀之，項城不去，中國必亡」；〔註 47〕故不久後，「二次革命」爆發，太炎隨即致電黎元洪，請黎氏代袁而起，說「今則（袁世凱）惡貫既盈，眾怒難犯，亟宜麾兵北向，請誅罪人」。〔註 48〕咸信此舉是袁世凱拘禁太炎的原因。八月，章氏爲共和黨事冒險入京，初入即被監視，不久爲袁世凱軟囚達三年之久。其中，他曾多次脫走，或絕食以死爭，但皆未成功。他自嘆：「不死于清廷購捕之時，而死于民國告成之後，又何言哉」，〔註 49〕足見其心情之悲苦。這一段期間內，他寫了不少諷刺袁世凱的詩文及檢討革命經驗的文章。

在此漫長的三年中，章氏曾開「國學講習所」講學，並撰文攻擊附袁而起的康有爲所發表之〈孔教會序〉。〔註 50〕民國二年，教育部召開「讀音統一會」，研究漢字標準讀音，章氏弟子周樹人、許壽裳等聯名提議，以章所定之切音工具作爲注音符號，終被接受，稍加增刪之後，被公佈爲全國通用的注音符號。〔註 51〕民國三年，章氏將宣統二年（1910）的手改本《訄書》加以修治增補，成爲《檢論》。民國四年，整理舊作，刊成《章氏叢書》，刊削甚多有關排滿及政治之文。這一年起迄民國五年初，章氏口述《菿漢微言》，由門生吳承仕筆錄，內容包括印度哲學、中國先秦諸子、宋明理學及文字音韵學。〔註 52〕由於身罹牢獄，處艱困之地，乃重讀《論語》及《易經》，對早年侮蔑不遺餘力的孔子思想學說又漸予肯定。

民國五年六月，袁世凱死，六月底，一生中「七被追捕，三入牢獄」的章氏被釋離開北京。

從民國五年脫困起，章太炎一意尋找抵抗北洋軍閥的力量，其中還一度到南洋群島活動。當段琪瑞廢約法時，他一度出任護法軍政府秘書長，來往於香港、廣州、雲南、貴州等地，尋找軍閥支持，但未有結果；兼又目睹護法軍政府內部人事問題重重，遂於民國七年回到上海。

民國九年，他與一群同志提倡「聯省自治、虛置政府」運動，這個主張

〔註 47〕　〈致伯中書第八〉，轉引自《長編》，頁 441。

〔註 48〕　〈致黎元洪電〉，轉引自《長編》，頁 442。

〔註 49〕　見〈章太炎家書〉，轉引自《長編》，頁 473～474。

〔註 50〕　康氏的〈孔教會序〉及〈以孔子爲國教配享天壇議〉先後發表於《不忍雜誌》。後收於《民國經世文編》（臺北：文星書店，1962 年）冊四，頁 1249～1251及頁 1240～1243。

〔註 51〕　《長編》，頁 463。

〔註 52〕　見《菿漢微言》，見《章氏叢書》（臺北：世界書局，1958 年），頁 961。

在現實上頗利於軍閥割據，但在章太炎而言，則寄有相當大的理想；因他認為：只有將政治重心由北京轉移到地方，大量削減中央的權力，才能免於三蠹（臨時約法、元首、國會）之繼續爲害。自治運動實際上只行於夾在北京和廣東二政府中的幾個省，當時確曾收到一些實效，但隨著實質政治局勢的轉變，不久即告煙消雲散。〔註53〕

民國十三年冬，他公開領銜撰稿，反對國共合作，復組織反赤團體——「辛亥同志俱樂部」、「中國國民黨同志俱樂部」。一直到民國十五年，他的政治活動可以一語括之——「於反對赤化事進行甚猛」。〔註54〕是年四月，他在上海組「反赤救國大聯合」，宣言：「反赤之舉，非學理制度種種問題，而爲國家民族危急存亡之利害關鍵」。〔註55〕八月間，他通電反對北伐；也大約從這年多天起，章太炎幾乎退出所有的政治活動。隔年他六十歲生日時，自述云：「見說興亡事，拿舟望五湖」，並以不得志的范增自喻；〔註56〕又在答章士釗詩中云：「改歲漸知陳紀老」，〔註57〕從此他幾乎不再發表通電、宣言。一直到民國二十年、九一八事變，章氏才又投袂而起，對時局多所建言。隔年「一二八」勝利，他除通電向十九路軍致敬外，並書寫〈十九路軍禦日本事〉，讚此役爲光緒以來第一次大捷。二月廿三日，他北上見張學良，要求抗日，並在燕大演講，號召青年拯救國家危亡。民國二十二年，他先後與馬相伯及沈孚恩聯合發表「二老宣言」、「三老宣言」，呼籲抗日，收復失地。並通電宋哲元，反對拘捕遊行要求抗日學生。

章氏晚年，有過二次大規模的講學活動。第一次是民國十一年四月至六月，應江蘇省教育會之邀在滬講「國學概論」。十年後（民國21年），六十五歲的他又應陳衍、李根源、張一麐、金天翮之邀，在蘇州「國學會」講學，並刊《國學商兌》，由陳衍任總編輯，但章氏對該刊不甚滿意；隔年多天，又因與「國學會」旨趣不合停講。接著於二十四年四月，又在蘇州發起「章氏星期講習會」，宣揚讀經。廿五年六月十四日，章氏以鼻衄病和膽囊炎病逝於

〔註53〕汪榮祖，〈章炳麟與中華民國〉對此敘述頗詳，見頁17～18，（臺北：「建國史討論會」論文，1981年）。

〔註54〕〈章太炎返滬后之談話〉，載於民國十五年二月二十七日《申報》。轉引自《長編》，頁852。

〔註55〕〈反赤大聯合幹事會議記〉，載於民國十五年四月十六日《申報》。轉引自《長編》，頁858。

〔註56〕繆篆，〈弔餘杭章先生文〉，原載《制言》第二十四期。轉引自《長編》，頁975。

〔註57〕《長編》，頁883。陳紀是陳羣之父，事見《後漢書·荀韓鍾陳列傳·第五十二》。

蘇州，年六十九。當章氏未病時，曾預草「遺囑」，只有二句：「設有異族入主中夏，世世子孫毋食其官祿」——這兩句遺囑，極清楚扼要地囊括了這位熱情的民族主義者一生之所言所行。

## 八、思想的變遷

接著擬概敘章太炎一生思想的兩個階段。章氏的思想變遷是極繁複的，要以簡單的篇幅加以說明簡直不可能。不過，在他的《菿漢微言》中，有「始則轉俗成眞，終則迴眞向俗」十二個字，用它們來概括其一生之思想歷程，是十分恰當的。這十二個字含意玄奧，索解爲難，曾引致不少的猜測，[註58]此處擬爲進一新解，並藉以勾勒出章氏一生思想變遷之輪廓。

章太炎早年治學，不出樸學及諸子學二途。甲午戰爭以後，他開始用心吸收西學，尤其受到進化論與社會學的影響。後來太炎因蘇報案入獄後，潛心大乘佛學的法相宗，「此一術也，以分析名相始，以排遣名相終，從入之途與平生樸學相似」，[註59]故易契合，大約從光緒卅二年（1906）起，章氏的思想完全以唯識學爲基礎，並折入「五無」的境界，認爲人類應抹煞現有的一切制度或組織，行個體獨立式的生活，這一段思路歷程，即所謂「轉俗成眞」（所謂「眞」即是由唯識學建立的「五無」）。在這個階段裏，章氏持唯識爲標準，以之進退上下中國古今學術，認爲「釋迦玄言出過晚周諸子不可計數」，儒家亦不足以比倫，至於程朱以下，則更不足道矣。[註60]

大約從光緒卅四年（1908）起，他端居深觀，析釋《莊子·齊物論》；並持與《瑜珈》、《華嚴》相融會，寫成《齊物論釋》（1910），這部書乃章氏一生最得意者，他形容其創獲是「千載之秘，睹於一曙」，[註61]亦標誌著章氏

[註58] 如侯外廬論此十二字，說：「太炎先生在『眞』、『俗』之間的二元論，在晚年始完全顯現出來。爲什麼一位在學術上的鬥士，發展了漢學而爲史學之後，這樣的走入『眞』界呢？在著者看來，他對於『俗』界在民國初元前後，沒有信賴，冥察民主的前途實有暗礁橫生，而且在中國新人類的發生過程中他迷惘起來……所以他在農民獨立地跳上歷史舞臺之時，表現出眞俗二者之不協調，而後以極端唯心之觀念，以調和眞俗（甚至棄俗向眞）」（見氏著《近代中國思想學說史》，頁787），他的見解甚模糊，大意是說章氏從事光復爲「俗」，民國以後從事共和事業是退入「眞」界，此說完全無法掌握章氏的原意。

[註59] 《菿漢微言》，頁960。

[註60] 同前註。

[註61] 同前書，頁961。

思想變遷史上「迴眞向俗」的絕大轉折。

　　「齊物」是要容許物物各自保有自己的「標準」（道），凡持自己的標準以要求或限制他人者，皆是「執著」。章氏因「齊物」思想的啓示，驚覺到自己先前持「唯識」爲唯一標準，而抹煞其他所有的學術思想，是一種「魯莽滅裂」〔註62〕之舉。他並發覺，不僅他曾犯這樣的過錯，而且「凡古近政俗之消息，社會都野之情狀、華梵聖哲之義諦，東西學人之所說」，過去被視爲各各分歧，互相矛盾，遂致引起無限的紛爭主要也是因「執著」的緣故；其言曰：

　　　　拘者執著而鮮通，短者執中而居閒，卒之魯莽滅裂，而調和之效終
　　　　未可睹。

故章氏認爲惟有操「齊物」以解「紛」，「齊不齊以爲齊」，容許各種學說依其自身之「標準」（道）自存而不強加統一或橫加排斥，這樣可以破各種拘執一隅卻自以爲是「全象」的「妄」，解各種思想與思想、學派與學派之間的「紛」，則自秦漢以來，「違於彼是之間，局促於一曲之內」的局面自此了結，終將達到「無物不然，無物不可」〔註63〕的境界。但章氏特別強調，他不是提倡「圓滑無所裁量」，〔註64〕亦即是說不是完全不計是非對錯，而是在個個互相不可比較的標準內部判其是非對錯。

　　章氏隨即持此判準，對古今中外的學術思想之價值重新估量。他說各家學說，只要「外能利物，內以遣憂」皆有存在的價值，譬如程朱陸王之儔，早先備受太炎批評，如今卻說他們「雖不見全象而謂其所見之非象，則過矣。世固有疏通知遠，好爲玄談者，亦有文理密察，實事求是者，及夫主靜主敬，皆足澄心」。對二百年來進行得如火如荼的漢宋之爭，他也認爲二者各有其價值不必互相排斥。對於他早年力主破除的基督教，此時也持新的態度，說：「下至天教，執著邪和華爲造物主，可謂迷妄，然格以自然之分也，所誤特在體相，其由果尋因之念固未誤也」。〔註65〕

　　故大約從光緒卅四年（1908）「齊物」之論櫫柄入手後，章氏即進入「迴眞向俗」的階段，從此不再堅持高蹈虛無思想，門戶之見亦漸減少，認爲只要「外能利物，內以遣憂」的學說，皆應予尊重，此可謂章氏思想之最後定論。

---

〔註62〕　同前註。
〔註63〕　同前註。
〔註64〕　同註 58。
〔註65〕　同前註。

# 第二章　思想背景

　　章太炎博極群籍而又轉益多師，故他的思想淵源極爲複雜。不過，如果不能得知什麼是影響他最大的思潮、書和人的話，則根本無法了解他的學術思想型態是如何建立的。因此，吾人只得嘗試著從他龐雜的師承中，區別主從輕重，爬梳出幾個重要的淵源來，包括：

　　（一）乾嘉學統。（二）晚清諸子學興起。（三）嚴復的影響。（四）佛學的洗禮。

## 第一節　乾嘉學統

　　章太炎的父親章濬，曾在杭州詁經精舍擔任「監院」，其父卒時，太炎年二十三，一方面是父親的「遺訓」，一方面是他自忖「路徑近曲園先生」，乃入詁經精舍，〔註1〕前後肄學八年。太炎未入「精舍」前，已博覽乾嘉考證學著作，「精舍」時期，當更堅強了他對乾嘉學統的信心。

　　詁經精舍創自阮元，是乾嘉學派的大本營，但到清季俞樾執掌時，卻處在兩種特殊的學術風氣下：一、一向堅守樸學矩矱的精舍已逐漸傾向於兼包今古二家。二、傾向兼治經、子之學。由這個樸學重鎮所反映出來的新趨向正可看出晚清學風的轉移。太炎在精舍那幾年的掌教諸師，最著名的有俞樾（曲園，1821～1906）、高學治（宰平，1814～1894）、譚獻（仲修，1830～1901）。〔註2〕高氏守宋明儒學，由太炎所撰的〈高先生傳〉〔註3〕看來，他受

---

〔註1〕湯志鈞，《章太炎年譜長編》，頁11。（以下簡稱《長編》）。
〔註2〕章太炎，〈俞先生傳〉，見《章氏叢書》，頁754。（以下簡稱《叢書》）。

其影響不大。譚献治經右今文，路徑與太炎不合，不過氏倡章實齋之學，太炎之深重實齋，可能受其影響。太炎早期特好汪中、李申耆文章，〔註4〕繼而溯汪、李而上專主魏晉文章，亦可能受其啓導。俞樾是顧炎武、戴震、王念孫、王引之等一脈相承的樸學大師，不過他中年以後受了宋翔鳳的影響，治《春秋》頗右《公羊》，〔註5〕而太炎早在二十四歲已以古文家自任，故與俞氏不能全合，但在重小學、諸子學及激烈反宋學等方面仍步趨俞氏。〔註6〕

章太炎經由詁經精舍時期所薰陶出來的治學風格，由他在這時期所寫的《詁經精舍課藝》及《膏蘭室札記》（1891～1892）中可以充份看出。「課藝」是精舍師生在考證學上的佳作選輯，三年一刻，是公開的「學報」，上面的文章充份代表精舍正統的治學風格。太炎有十七篇文字載入第七集，是他在光緒十六～十九年（1890～1893）之間的作品。這十七篇課藝完全是經籍文字音義的詮釋。〔註7〕《膏蘭室札記》撰寫的時間與「課藝」大抵相重疊，是太炎私下的讀書筆記，其中只有寥寥兩三條關涉經學，其餘均以考釋諸子學爲主，而且所釋子書十分之八、九都與俞樾的《諸子平議》相同。〔註8〕處處看得出他在學俞氏經、子兼治的風格。在公開的場合，他與「精舍」正統相彷彿，以經學爲主；而私下則專心治諸子學（但仍止於考釋）。這是我們討論章氏與乾嘉學統之關係時不能不特別留意之處。這裏要先檢討其傳承乾嘉學統的部份。章太炎晚年曾自認爲他已超越了樸學經師「著意精微、轉致陸沉、窮研訓詁、遂成無用」的弊病，自認在義理方面的建樹遠非他們所能

---

〔註3〕見《叢書》，頁753。

〔註4〕《長編》，頁12。

〔註5〕章太炎的同學崔適是晚清今文大家，他之傾向公羊，即受俞樾影響。錢玄同的〈重論經古文學問題〉中說：「崔（適）君受業於俞曲園（樾）先生之門，治經本宗鄭學，不分今古，後於俞氏處得讀康氏這書（案：指《僞經考》），大爲佩服，說它『字字精確』、『古今無比』，於是力排僞古，專宗今文」，見《古史辨》（臺北：出版時間不詳）第五冊，頁23～24。

〔註6〕俞樾有濃厚的反宋學傾向。《春在堂全書》（臺北：中國文獻出版社，1968年）上屢有攻宋儒的言論：如說「以《周易》論，宋儒所說必先及先天後天，然則一部十三經，開卷便錯」（頁3699）。又如說《中庸》本是「中和祗庸」之省文，「然則謂中庸中有中和可也，謂中和即中庸不可也。自鄭康成已不解此義。宋儒並謂以性情言曰中和，以德行言曰中庸，強作解事者矣」（頁5392），由這兩條，足見其對宋儒態度之一斑了。

〔註7〕《菿漢微言》，見《叢書》，頁961。

〔註8〕參見《膏蘭室札記》（臺北：學海出版社翻印本）「目錄」，頁3～33，《詁經精舍課藝》與《膏蘭室札記》同收一書，頁311～354。

比。〔註 9〕但這是指他自己比樸學經師更轉進一層，不可誤認他的思想學問與樸學毫無關係。由他於光緒卅四年（1908）五月寫給樸學前輩孫詒讓（仲容，1848～1908）的信中，就充份顯示出其擁護樸學的懷抱：

　　麟……惟能堅守舊文，不惑時論，期以故訓聲均，擁護民德。〔註 10〕

樸學經師以「故訓聲均」之學爲尋道之途徑，這也是他本人治學的主要途轍。

　　在方法論上：樸學家所標榜的「審名實、重左證、戒妄牽、守凡例、斷情感、汰華辭」〔註 11〕及「雖阿好者，有非弗能隱；雖媚嫉者，有是弗能蔽，瑕垢黽采、效情同見，是以無偏無黨」〔註 12〕的客觀精神，也是他一生所最奉守的。對於「今文經師」的著作，他就常在方法論上加以留難，指責他們「不稽情僞，惟朋黨比周」，〔註 13〕又指他們說經「夸」、「麗」、「琦瑰」、「鈕雜」，相較之下，他自言寧願守「碎」與「樸」講客觀實證的樸學傳統。〔註 14〕此外，太炎將六經當作歷史文獻也是自乾嘉學徑引伸而來。這一點我們在第六章會再談到。

## 第二節　晚清諸子學興起

　　晚清諸子學興起，關係太炎思想之形成至爲重大，故此處擬多費筆墨加以討論。

　　從清代中晚期的各種著作中，可以看出一條脈絡：治諸子學的風氣逐漸興起。不過，它何以在清代中晚期興起，到目前還難有完整的解釋。但至少可以有如下兩種看法；一、子書被引爲經學考證之助；二、其義理價值被重新評估。

　　清代漢學的考證工作的主要目的之一，是要重建六經的歷史眞面目。所以，愈接近六經成書年代的資料愈爲珍貴。清代經師之所以特重漢學，其中有一個原因便是：秦焚之後，以漢代經師對六經的解釋最接近六經原意。不過，清代早期著重在以東漢許鄭之學打倒魏晉經說，要到後來才覺西漢經師自又比東漢經師更接近先秦，乃漸引西漢今文經爲考證之助；故晚清今文學

〔註 9〕　《菿漢微言》，《叢書》，頁 961。
〔註 10〕　章太炎〈與孫仲容書〉；《制言》卅期影印該函（未標頁碼），標明爲「瑞安孫氏玉海樓藏」。
〔註 11〕　章太炎〈說林下〉，《叢書》，頁 703。
〔註 12〕　〈與王鶴鳴書〉，《叢書》，頁 721。
〔註 13〕　同註 10。
〔註 14〕　章太炎〈國粹學報祝辭〉，《叢書》，頁 752。

的復興，與「迴向原典」的要求自是頗爲相關的。但平情較量，先秦諸子又比西漢經師更接近六經的年代，那麼，基於考證之要求，其學似亦勢在必興矣。清季葉德輝〈與戴宣翹校官書〉中說：

> 有漢學之攘宋，必有西漢之攘東漢。吾恐異日必更有以戰國諸子之學攘西漢者矣。〔註15〕

葉德輝並未說明何以清學研究的範圍必日漸向更古遠的文獻翻上一層的原因；不過，章太炎的老師──光緒時代學界領導人俞樾的〈諸子平議序〉對此提供了最清楚的說明。他說：

> （諸子）其書往往可以考論經義，不必稱引其文，而古言古義居然可見。故讀《莊子・人間世篇》曰大枝折、小枝泄，泄即抴之假字，謂牽引也；而《詩・七月篇》：「以伐遠揚，猗彼女桑」之義見矣。……凡此之類，皆秦火以前六經舊況，孤文隻字，尋繹無窮！烏呼！西漢經師之諸論已可寶貴，況「諸子」又在其前歟。〔註16〕

由俞樾所說的「西漢經師之諸論已可寶貴，況『諸子』又在其前矣」一語，就知道他對子書材料在經學考證上的價值何等重視。而這個風氣自然不自俞樾始，早在他的私淑老師王念孫便已然。王念孫疏《廣雅》，便是以經傳諸子轉相證明；〔註17〕而其《讀書雜誌》中，考釋《管》、《晏》、《墨》、《荀》、《淮南》諸子者居其半，殆亦可見當時治學趨向之一斑了。

另外，在義理的地位上，諸子亦逐漸抬頭。在清朝前期，有認爲六經四書之外，更無所謂道者；理學家湯斌的話可爲代表。他說：

> 離經書而言道，此異端之所謂道也。〔註18〕

可是，清代中期以來，離開經書言道，或把諸子的道與經書的道相提並論的已經不少。他們有的呼籲重新評估諸子的價值，如道光年間桂林朱琦的《怡志堂文初編》中就有曰：

> 琦則謂周末諸子之書，皆當區別觀之，不可以一端之蔽而棄之。〔註19〕

---

〔註15〕《翼教叢編》（臺北：臺聯國風出版社，1970年）卷七，頁435。

〔註16〕俞樾，〈諸子平議序〉，輯入徐世昌編《清儒學案》（臺北：世界書局，1979年）冊七，卷一八三，頁23～24。案：商務印書館版〈諸子平議〉（1968）未收是序。

〔註17〕這一點章太炎已指出。見《訄書・清儒第十一》，頁23。

〔註18〕湯斌，《潛庵先生遺著》卷一〈重修蘇州府儒學碑記〉。轉引自張舜徽《清人文集別錄》（北京：中華書局，以下簡稱《別錄》）上冊，頁51。

〔註19〕卷二，〈荀子書後〉。轉引自《別錄》（下），頁459。

有的移治經之法以治諸子：如與龔自珍（1792～1841）同時的張履（1792～1851），在其《積石文稿》卷七、卷八中的《荀》、《揚》、《老》、《文》、《管》、《列》、《晏》、《墨》、《呂覽》、《淮南》諸子書後，皆用提要鈎玄之法，撮其粹義名言，以著于篇；對此，近人張舜徽曰：

> 斯又充其治經之法，以及群書矣。〔註20〕

或者主張經書的義理與子書相通；如江都李祖望（1814～1881），就認爲《管子》之書「與《周官》相表裡」。〔註21〕又像廉江江瑔的《讀子巵言》，亦廣論「諸子與經史集之相通」、「諸子百家之相通」。他甚至認爲「六經出於諸子、諸子亦可出於六經」：

> 子中有經，經中亦有子。班氏〈藝文志〉之論諸子也，亦云合其要歸，
>
> 亦六經之支與流裔。蓋六經既出於諸子，諸子亦可出於六經。〔註22〕

對於過去揚經斥子的傳統，江氏頗不以爲然。他說：

> 兩漢以後，諸子式微，而六經之學，如日中天，爲儒家學者往往舉
>
> 百家九流之名，則斥爲異端，置其書而不屑讀，而不知光明醇正之
>
> 儒家，亦在百家九流之中。〔註23〕

而他對於子書之評價亦翻然一變，認爲「吾國所以獲稱爲數千年聲名文物之邦，亦賴此（諸子）焉」。〔註24〕

　　另外，亦有將諸子之學上接孔門正脈的。光緒年間的曹允源（生卒不詳），在其《復盦類稿》中有下面一段文字：

> 孔子沒，弟子各以所得傳授徒黨，再傳之後，其說不能盡醇，於是
>
> 有陰陽、儒、墨、名、法、道德六家之學，鄒衍、荀卿、墨翟、公
>
> 孫龍、韓非、莊周、列禦寇之徒，各著書成一家言。〔註25〕

若形容這段話是「眞所謂石破天驚之論也」，〔註26〕亦決非過當。

　　更有人反過來說：孔子之所以偉大，是集諸子之大成者。光緒年間劉光蕡（古愚，生卒不詳）便主是說。他在給康有爲的信上說史公所說的「道家」

---

〔註20〕張舜徽，《別錄》，頁408。

〔註21〕李祖望，〈管子書後〉，《鍥而不舍齋文集》卷二。轉引自《別錄》（下），頁493。

〔註22〕江瑔，《讀子巵言》，頁14。

〔註23〕同前引，頁48。

〔註24〕同前引，頁7。

〔註25〕曹允源，〈植志〉，《復盦類稿》卷一，轉引自《別錄》，頁609～610。

〔註26〕張舜徽語，見《別錄》，頁610。

即指孔子。老子之學，謂之黃老，不名「道」也。至於「儒學」，只不過是「孔學」的一個支流耳。〔註27〕這類溝通六經與諸子義理的言論，正透露出學風轉變的消息。

一般而言，荀、墨二子之復興，最具關鍵性地位。而斯二子的興起，都與乾隆時代的汪中（1744～1794）有關。汪中所寫的〈荀卿子通論〉中，直接把傳承六經之功全歸於荀子，而將思孟派完全摒除於外；〔註28〕不管歷史真實性如何，汪中特意揄揚荀子之意，是很顯然的了。此外汪氏更將《墨子》一書提昇到與儒學相埒的地位；說：

> （墨子）之說，其在九流之中，惟儒足與相抗。〔註29〕

> 自墨者言之，則孔子魯之大夫也，而墨子宋之大夫也，其位相等，
> 其年又相近，其操術不同，而立言務以求勝。〔註30〕

孔子亦一大夫，墨子亦一大夫，則墨子亦何軒輊於孔子哉？難怪翁方綱罵他是「名教罪人」。〔註31〕晚清，荀、墨之學日盛，在衛道人士看來，實甚不經，頗有亟主撲滅者。關於這一點，熊希齡的老師曾廉的一段話可作為例子；他說：

> 孟子非墨，而墨氏熄者千餘年，今墨氏復熾，則又不可不非。〔註32〕

則當時墨學熾興之況及其對傳統儒家威脅之大可知矣。

章太炎的老師俞樾是位謹飭的儒者，但也是清季治諸子學的健將，他對諸子的義理價值亦作了很通達的評估：

> 聖人之道具在六經，而周秦兩漢諸子之書亦各有所得。雖以申韓之
> 刻薄、莊列之怪，要各本其心之所獨得者而著之書。〔註33〕

俞樾在考證與義理方面都肯定了諸子學的價值，那麼，接聞侍問其旁達八年之久的章太炎，如再放眼觀察學界的動向，其能接上這一個新興的學風是理所當然的。

章太炎受諸子學興起的影響極為鉅大。其文章中，發揮諸子者遠多過於

---

〔註27〕劉光蕡，《煙霞草堂文集》卷六，〈與康長素先生書〉，轉引自《別錄》，頁602。
〔註28〕見汪中《述學》（臺北：廣文書局，1970年）「補遺」，頁6。繼汪而起從義理方面發揮荀子的有凌廷堪、俞樾等。
〔註29〕見前引書，〈內篇三〉，頁3。
〔註30〕同前引，頁2。
〔註31〕見《胡適文存》（臺北：遠東圖書公司，1974年）第三集卷七，〈翁方綱與墨子〉，頁598～599。胡適認為：翁方綱實亦治墨學之人。
〔註32〕曾廉，《瓠庵集》，卷八，〈墨子論〉。轉引自《別錄》，頁618。
〔註33〕俞樾〈諸子平議序〉，收在徐世昌編《清儒學案》冊七，卷一八三，頁23。

發揮經學；他說：「惟諸子能起近人之廢」，〔註 34〕又說，諸子學爲「國學之原」，〔註35〕散見於其文中之襃語，更多至不能勝舉；茲舉二例：

> 晚周之論，內發膏肓，外見文采，其語不可增損。〔註36〕

> 蓋學問以語言爲本質，故音韻訓詁其管籥也，以眞理爲歸宿，故周秦諸子其堂奧也。〔註37〕

他批評近世言漢學者，「其病在短拙」，只能從事文字詁訓，而不能將注意力放在義理的討論上，故未能深探諸子學；而在析論諸子的工作上，太炎認爲自己所發明者，多非漢學專門之業所能及，只有魏晉諸賢「可與對談」。〔註38〕考章氏與諸子學的關係約可分成二組：對於墨、管他大抵援以比傅泰西之學，對於荀、莊、老三家則是援以奪孔子之正位。茲分述之。

　　太炎最早注意到墨子，這大抵是受那一代風氣所感染。在他早年努力汲引西學的階段，便於手撰的〈實學報敘〉上說：「然則墨翟學於史氏，故其聲、光、熱、重之學，奭然爲諸子最」；〔註39〕又因欣賞西洋名學之故，力闡墨子的名學理論。他說：

> 鄒特夫曾以形學、力學比傅（墨經），誠多精義，然《墨經》本爲名家之說，意不在明算也，向時無知因明者，亦無有求法相者，歐洲論理學復未流入，其專以形學力學說《墨經》，宜也。〔註40〕

他曾在〈致國粹學報書〉上表示自己對墨子名學「差有一長」，志欲援借歐人論理學及因明學討論墨學，〔註41〕可以看得出依然是走「格致古微」的老路。

　　太炎在光緒廿三年（1897）八月左右，曾用力鑽研《管子》。他的〈讀《管子》書后〉，發掘出埋沒二千年的一篇重要經濟論文——《管子·侈靡篇》，並大膽宣稱：「興時化者，莫善於侈靡，斯可謂知天地之際會……亦泰西商務所自出矣」，〔註42〕也是援用《管子》來配擬泰西商務。由上足見太炎

---

〔註34〕章太炎〈致國粹學報社書〉，原刊《國學保存會報告》第三十九號，今輯入《章太炎政論選集》（北京：中華書局，1977 年），頁 498。
〔註35〕同上。
〔註36〕見《國故論衡·論式》，頁 117。
〔註37〕同註 33。
〔註38〕同上。
〔註39〕見《章太炎政論選集》，頁 30。
〔註40〕章太炎〈致國粹學報社書〉，轉引自《長編》，頁 307。
〔註41〕同上。
〔註42〕章太炎〈讀管子書后〉，原刊《經世報》第三冊，今輯入姜義華、朱維錚合編

推崇墨、管，顯未脫晚清以諸子比附西學的舊轍。他闡揚墨、管之學也正顯
示其對泰西的聲、光、化、電、商務的嚮往。

接著談太炎如何揄揚荀、莊、老以奪孔子之正位。清末今文家曾發起「排
荀運動」，梁啟超認為「荀傳小康，孟傳大同」；夏曾佑詩譏荀卿曰：「冥冥蘭陵
門，萬鬼頭如蟻」；譚嗣同《仁學》中將二千多年專制都歸罪荀卿，說：「二千
年來之政，秦政也，皆大盜也；二千年來之學，荀學也，皆鄉愿也」；〔註43〕
章太炎於光緒廿三年（1897）撰〈后聖〉一文刊於《實學報》，便顯然有與排荀
運動相對抗之意。在這篇文中他訂下「同乎荀卿者與孔子同，異乎荀卿者與孔
子異」的判準，他說：

> 水精既絕，制作不紹，浸尋二百年，以踵相接者，惟有荀卿足以稱是，
> 非侈其傳經也，其微言通鬼神，彰明于人事，鍵牽六經，謨及后世，
> 千年而不能闇明者，曰〈正名〉、〈禮論〉。……孟氏未習，不能窺其
> 意。……是故以〈禮論〉鍵六經，〈正名〉以鍵《春秋》之隱義，其他
> 〈王制〉之法，〈富〉、〈強〉之論、〈議兵〉之略，得其枝葉，猶足以
> 比成、康。歸乎！非后聖孰能不見素王而受其高翼銅瑁者乎。〔註44〕

排荀運動者把二千年來中國學術與政治上的所有弊病完全歸罪到荀子身上，
認為孔子之學是受了荀子的扭曲才不得光大，但太炎卻反過來強調「同乎荀
卿者與孔子同」。上面所引的那段文字中「非侈其傳經也」一語實際上是針對
汪中的〈荀卿子通論〉而發的。汪中將荀子視為「傳經」之大師，但太炎卻
認為這樣還不夠，荀子之所以偉大豈只是因為「傳經」，他的〈正名〉、〈禮
論〉、〈王制〉等篇根本就是治國平天下的寶典，若依太炎的說法延伸下去，
則荀子簡直成了孔子了。

太炎對老子更致推崇，認為所有孔學的精華（如破除鬼神、以天為無明、

---

之《章太炎選集》，頁20。太炎主侈靡，同時期的譚嗣同亦主「奢」。又楊聯
陞教授的〈侈靡論——傳統中國一種不尋常的思想〉對這篇〈侈靡論〉有精
密的討論。見《國史探微》（臺北：聯經出版公司，1983年），頁169～185。

〔註43〕梁啟超的〈亡友夏穗卿先生〉中說他們發起這個運動是為了「把當時壟斷學
界的漢學打倒，使用『擒賊擒王』的手段去打他的老祖宗——荀子。」見《飲
冰室文集》（臺北：中華書局，1960年）第十五冊，頁21。案：他們這時都
已完全接受了汪中的〈荀卿子通論〉所說的「漢代經師，不問為今文家古文
家，皆出荀卿（汪中說），二千年間，宗派屢變，壹皆盤旋荀學肘下」。見梁
氏著《清代學術概論》（臺北：中華書局，1978年），頁61。

〔註44〕〈后聖〉，收入《章太炎政論選集》，頁37～38。

精治史學、傳播學術等）都是從老子那裏習得的。這個說法實已暗示著孔老高下之分。本來太炎就有將既存的價值加以「問題化」、「分裂化」的傾向，他的「五無」與「四惑」思想即寓含著解開人們長期以來視爲理所當然的結構而使它們完全成爲相對性的企圖，故他特別強調老子打破了萬事萬物的「系統」，﹝註45﹞爲莊子的「齊物」思想開先河。在這個思想前提下，孔學已經完全成了第二義的。

太炎一度認爲佛典遠過晚周諸子不可計數，但這個尊位後來由《莊子》〈齊物論〉與〈逍遙遊〉取代了，大致從光緒卅四年（1908）起，他認爲莊子兼統佛、儒之長，而又爲二家所不及：

> （佛）出世之法多而詳于內聖；孔子應之，則世間之法多而詳于外王。兼是二者厥爲莊生，即〈齊物〉一篇，內以疏觀萬物，持閱眾甫，破名相之封執，等酸鹹於一味。外以治國保民，不立中德，論有正負，無異門之釁，人無愚智盡一曲之用，所謂：衣養萬物而不爲主者也……。故齊物論者，內外之鴻寶也。﹝註46﹞

但他對中國的《莊子》舊疏都不滿意，認爲欲替《莊子》一書尋解人，則只有精通佛典之人爲能。至於孔、墨若與莊子相比，則有如「聖」、「垢」之分。﹝註47﹞順著唯識學、老子、莊子的脈絡，太炎寫成了他的社會政治思想之最後定論《齊物論釋》。

太炎援諸子以奪孔子之正位的工作不僅只是從義理上下的，由於他重諸子遠過於孔子，故他甚至相信記載在子書中的孔子事迹遠爲可信，而諸子書中提及孔子時語涉輕薄者實不在少，光緒卅二年（1906）他發表〈諸子學略說〉，這一篇長文是章氏治諸子學的一個階段性總結，「尊子貶孔」的思想在此發揮到極點，對清末民初知識界造成鉅大的影響。

## 第三節　嚴復的影響

宣統三年（1911）九月五日章太炎於檳榔嶼《光華日報》發表〈誅政黨〉一文，其中未指名的詬罵：

---

﹝註45﹞〈章太炎的白話文〉，《中國文化的根源和近代學術的發達》，頁34。
﹝註46﹞見《菿漢微言》，《章氏叢書》，頁937。
﹝註47﹞章太炎，《莊子解故‧序》，《叢書》，頁307。

> 少游學于歐洲，見其車馬宮宅衣裳之好，甚于漢土，遂至鄙夷宗邦、
> 等視戎夏。粗通小學，能譯歐西先哲之書，……其理雖已淺薄，務
> 爲華妙之辭以欺人，近且倡言功利，嘩世取寵，徒說者信之，號爲
> 博通中外之大儒。〔註48〕

其箭頭當然是指向嚴復（1853～1921）。太炎早在光緒年間所寫的〈俱分進化
論〉及〈社會通詮商兌〉等文也都是專與嚴復持異的，粗讀這些文字極易令
人生一感覺：章太炎始終避拒嚴復；由於這一錯覺，以致於他與嚴復之間濃
厚的思想關連就一直較少被研究者注意。

其實章太炎早年的文章中，處處有著嚴復的影子，近人從北大圖書館中
發現了一封他於光緒廿六年（1900）三月十五日寫給夏曾佑的信，充份透露
太炎當時對嚴復的崇拜之情。此節關係甚鉅，故將信文節錄於次：

> 鄙人乞食海上，時作清談，苦無大匠爲施繩削，又陵適至，乃出拙
> 著三種示之（按：指《訄書》及《儒術眞論》等），必當有所糾正，
> 亦庶幾嵇康之遇孫登也。近日樹一宗旨，以爲交友之道，宜遠交近
> 攻……又陵既至，益信斯語不誣。〔註49〕

由太炎之以「嵇康遇孫登」喻自己與嚴復的交往，足見其欽崇之情。在章太
炎家藏舊稿中同時發現了一件嚴復致太炎函，寫于前引信的後三日（即 3 月
18 日），云：

> 前承賜讀《訄書》及《儒術眞論》，尚未卒業，昨復得古詩五章，陳
> 義奧美……。此詣獨非一輩時賢所及，即求之古人，晉、宋以下，
> 可多得耶？
>
> 僕此次來海上，得士爲不尠……至於寒寒孜孜，自辟天蹊，不可以
> 俗之輕重爲取舍，則舍先生吾誰與歸乎？有是老僕之首俯至地也。
>
> 〔註50〕

是又陵對太炎亦極欣賞。由上面兩封信可以充份看出光緒廿六年（1900）三
月間，嚴、章二人有過一段不尋常的交誼，而平生不輕許人的章太炎對嚴復
一度是孺慕備至的。

其實早在光緒廿三年（1897），章太炎寫成〈民數驟增〉一文，討論人口

---

〔註48〕轉見《章太炎年譜長編》，頁 355～356。
〔註49〕見《章太炎選集》，頁 110。
〔註50〕同前書，頁 112～113。

激增與糧食危機，顯然就是從嚴復所介紹的馬爾薩斯《人口論》來的。章太炎說：

> 古者樂蕃遮，而近世以人滿爲患，常懼疆宇狹小，其物產不足糞衣食。〔註51〕

至於嚴復介紹的「進化論」，更是光緒卅年（1904）以前，章太炎解釋許多問題的基本理論架構。〔註52〕他討論史學時，要求史書要能作到「深識進化之理」。〔註53〕他論諸子高下時，也以諸子是否合進化之理斷其高下。〔註54〕當他解釋上古史事時，更是無處不用進化論。譬如他解釋五帝之後代何以不存於今，就以「競存」爲理論基礎；說：

> 彼共和而往，其任國子者，非心貴貴，惟競存其族故，不然，今吾中夏之氏族，磊落彰較，皆出於五帝，五帝之民，何爲而皆絕其祀也？是無佗，夫自然之淘汰與人爲之淘汰，優者必勝，而劣者必敗。〔註55〕

《訄書·族制》篇便完全是以「優者必勝，劣者必敗」的道理來解釋中國古代氏族的更迭起落。

此外，他在解釋人種起源時，也擺脫過去的「二氣往來」之類的說法，大膽提出「果然玃狙攀援乎大陵之麓，求明昭蘇而漸爲生人」。〔註56〕談到人之所以有「優」、有「劣」時，也不認爲是遺傳；而是後天的努力，他說「不學知，則遺傳雖美，能蘭然成就乎？」，〔註57〕這句話很明顯的是從嚴復〈原

---

〔註51〕《章太炎政論選集》，頁51。

〔註52〕嚴復長於太炎十五歲，他的〈論世變之亟〉、〈原強〉、〈闢韓〉等文於光緒廿一年（1895）刊在天津《直報》，章氏自不甚可能讀到。不過隔年上海《時務報》加以轉載造成轟動。見王蘧常《嚴幾道年譜》（臺北：商務，1977年），頁28。而太炎就在這年十二月進入《時務報》工作，故他極可能是在這時讀到嚴氏宣揚進化及羣學的文章。

〔註53〕章太炎，〈致吳君遂書〉，《政論選集》，頁165。

〔註54〕同前書，頁166。其言曰：「管、莊、韓三子皆深識進化之理」。

〔註55〕《訄書·族制》，頁63～64。

〔註56〕《訄書·原人》，頁32。在〈菌說〉一文中，章氏並描繪了一幅地球上物種起源和進化圖。其言曰：「故既有草木，則草木亦如蟄之求明，如瘥之思起，久之而機械日生，刻意思之以趨于近似，而其形亦遂從之而變，則于是有蠯蛤、水母。彼又求明，則運爲甲節、爲脊骨，復自魚以至鳥獸而爲猿、狙、猩、狒，以至爲人。」見《章太炎選集》，頁63。

〔註57〕《訄書·族制》，頁63。

強〉篇中的「然而此皆後天之事，因夫自然，馴致如是，而非太始生理之本然也」〔註58〕轉手而來。

過去認爲人類歷史發展是以「道」爲主宰的，太炎則認爲實際上是以「器」相「競」，他說：

> 競以禮，競以形，昔之有用者，皆今之無用者也。〔註59〕

> 要之，蛻其故用而成其新用，吾不敢道其日益，而道其日損。〔註60〕

「昔之有用者，皆今之無用者」的觀念，對於傳統構成相當的威脅，亦是從「物競」觀念而來。

嚴復倡「群學」，其理論可以用下面一段話來代表：

> 凡民相生相養，易事通功，推以至於刑政禮樂之大，皆自能群之性
> 以生。〔註61〕

章太炎亦主張「群」是決定生物進化退化之因，很明顯地是自嚴說推衍而成的；《訄書‧原變》篇中說：

> 故無逸之說興，而合群明分之義立矣。章炳麟曰：物不知群，益州
> 之金馬碧雞，大古有其畜矣，沾沾以自喜，踽踽以喪群，而亡其種，
> 今僅徵其枯腊，知群之道細若貞蟲，其動翊翊，有部曲進退，而物
> 不能害。〔註62〕

「合群明分」的觀念固然是荀子早有的，但吾人決然可相信，他是用嚴復的話賦予它嶄新的現代意義的。太炎不僅把「群」的觀念用來解釋生物的發展，更用於說明上古工藝制作發展史。認爲古代人各治一技，互不會通，直到有「群」的觀念，知所「合器」後，才造成工藝發展史上的大突破。他舉「弓」及「矢」的發展爲例：

> 知古之初作弓者，以土丸注發。古之初作矢者，以徒手縱送，兩者
> 不合器，終不利。此所謂隱慝良道，不以相教，繇民不知群故也。
> 先民別而聽之則愚，合而聽之則聖。故羿（后羿）合之而械用成矣。
> 〔註63〕

---

〔註58〕嚴復〈論世變之亟〉，見《嚴幾道文鈔》（臺北：世界書局，1971年），頁26。
〔註59〕《訄書‧原變》，頁59～60。
〔註60〕同前書，頁6。
〔註61〕嚴復，〈原強〉，見《嚴幾道文鈔》，頁27。
〔註62〕《訄書‧族制》，頁61。
〔註63〕《訄書‧尊史》，頁186。

此外，章氏步趨嚴復最明顯的痕跡是與曾廣銓合譯《斯賓塞爾文集》一事。這一個工作從光緒廿四年（1898）八月開始，譯文刊登於《昌言報》，有〈論禮儀〉等篇，〔註64〕是中國最早介紹進化論的文字之一。不過，在光緒卅二年（1906）太炎起而批判進化論，從此佛學正式取代了嚴復思想（尤其是進化論）的地位，成爲章太炎解釋所有問題的新理論架構，他與嚴復亦從此分道揚鑣矣。

## 第四節　佛學的洗禮

對晚清佛學的復興運動而言，章太炎扮演著相當重要的角色，對章太炎而言，佛學在其一生，亦發生過鉅大的影響。太炎早年深不喜佛學，在目前所能見到的資料中，他最早提到佛學是在光緒廿三年（1897），當時他很直截的指出中國士大夫有「華妙」之病，「稍稍娛樂於禪學以日銷其骨鯁」，又說：「病華妙者，吾懼其不以身殉也」，〔註65〕認爲遁于佛者將消失其奮進之勇氣。由於夏曾佑及宋恕的影響，他接觸佛典相當之早（大約在光緒廿二～三年間），但因他當時持論以荀卿爲宗，「不熹持空論言捷徑者」，〔註66〕故並不能欣賞佛學。他當時認爲，如果佛學有所益處的話，是因佛典中提供了大宗治西北及中亞史地的材料。這個見解自然是清代考證學的老調：

> 浮屠氏之書，吾無訾謷焉。龍池須彌，吾据之足以考地望；夜叉阿修羅，吾据之足以辨種族，其近實者，九能之士，固將有事焉爾。
>
> 〔註67〕

但對其義理則以「不剴切于民事」〔註68〕斥之。一直到光緒廿五年（1899）太炎所作〈菌說〉中，對佛莊之說仍嚴予批評，說：「……佛必以空華相喻，莊亦間以死沌爲詞，斯其實之不如儒者也」。〔註69〕同時，當他接觸到「仁學」時，對於譚氏建立在佛學上的認識論極不滿意，隔年撰寫的〈公言〉一文，顯然就是針對它作尖銳批評。〔註70〕

〔註64〕太炎顯然不解英文，這一系列譯文皆是由曾廣銓口譯，太炎筆述。
〔註65〕〈變法箴言〉，《政論選集》，頁18。
〔註66〕見《自訂年譜》，光緒二十三年（1897）條，頁6。
〔註67〕同註83，頁18。
〔註68〕同上。
〔註69〕〈菌說〉，見《章太炎選集》，頁66。
〔註70〕見〈公言〉，《章太炎選集》，頁89～93。案：這篇文字顯係對譚氏《仁學》中

　　蘇報案發後在上海的監獄中是章氏思想改變最爲重大的時期，他開始擺脫過去把佛典當作考證史料的舊轍，從義理的角度重新理解唯識之學。他把《瑜珈師地論》反覆研索，深被其精密的解析所撼動。從此唯識學竟成爲他思想中最大的支柱。結果太炎也正好走入當年爲他所攻擊的譚嗣同的舊路上，誠如近人所說的：「譚嗣同以佛學唯識論爲基礎，建立近代哲學體系的事業，倒恰好由章太炎來完成」。〔註71〕太炎的種姓及轉俗成眞思想皆與唯識相關連。在中國佛學史上，唯識一支並不暢盛，除因名相繁瑣之外，呂澂認爲另有原因。這其中的一個例子是南朝眞諦初翻無著世親之書時，便有人批評他「有乖治術」，以至其書備受阻碍，不能流行。〔註72〕即使到了唐代慈恩宗對無著世親之學盡性宣教，但興盛一時之後仍歸消歇，多少也可能因對現實的「治術」作了批判之故。〔註73〕唯識學之批判、改革是以「轉依」爲其理論核心的，這是一個內容極爲繁複的理論。所謂「轉依」不只是要發明一切現象的實相，並且要把顚倒、染污的現象都轉變成如理、清淨，故大有批判現實之潛力。早在無著世親宣揚此學時即帶有此批判轉化之色彩，〔註74〕而這一套轉化的理論在晚清被復興了，正如陳寅恪在《中國哲學史》「審查報告三」中說的：「若玄奘唯識之學」、「震蕩一時之人心」，〔註75〕清末民初唯識的批判方向更明顯的發揮到社會政治上去。像譚嗣同以唯識的「微生滅」（量變）的思想做爲改良主義的理論依據，〔註76〕歐陽竟無則以「菩薩行」作爲社會政治改革的實踐動力，〔註77〕章太炎不但想將它改造成「革命宗教」以維繫行動者的革命道德，更以唯識學爲基礎構成「五無」與「四惑」思想，

---

的「苟不以眼見，不以耳聞，不以鼻嗅……轉業識而成智慧，然后一多相容、三世一時之眞理，乃日見于前」（見《譚嗣同全集》，頁 35。臺北：華世出版社，1977 年）而發的，而章氏後來竟順此路發揮，詳見《菿漢微言》及《菿漢昌言》。

〔註71〕近人李澤厚語，請見《中國近代思想史論》（北京：人民出版社，1980 年），頁 195。

〔註72〕見湯用彤《漢魏兩晉南北朝佛教史》（臺北：商務印書館，1962 年），頁 855。

〔註73〕呂澂《中國佛教思想概論》（臺北：天華出版社），頁 387。

〔註74〕同前書，頁 386～387。並參考霍韜晦：〈佛家哲學中之轉依義〉，收在《唯識思想論集》（二），頁 88～89。

〔註75〕見《陳寅恪先生論文集》（臺北：九思出版社），頁 1364。

〔註76〕見虞愚〈慈恩宗〉，收在《中國佛教宗派源流》。案：臺北翻印本中該書收在《中國佛教總論》（臺北：木鐸出版社，1983 年），頁 315。

〔註77〕見《竟無內學》，頁 41、56、64、67、75。

使他的思想體系中充滿個體主義與相對主義的色彩。

除上述四大支柱外，章太炎自然還受到顧炎武、王夫之的民族思想之影響，此外，章學誠〔註 78〕、戴東原〔註 79〕、孫詒讓，及他的敵手康有為對他都有相當的影響，但因篇幅所限，故此處不擬一一述及。

〔註 78〕在清代，章學誠之學始終是相當隱晦的，胡適在〈章實齋先生年譜序〉上總結過去研究章氏的成果是：章氏死後一百二十年，只有《文獻徵存錄》及《耆獻類徵》中有幾行小傳，但又將其名字改成「張學誠」，足見其學之晦了。而近代第一位為章氏作傳的是譚献，但只重視章氏的〈課蒙論〉（見胡適著、姚名達訂補的《章實齋先生年譜》，臺北商務印書館出版，頁 1），譚献正是章太炎在詁經精舍時的授業師，故太炎之特尊學誠，可能即受其影響。我們可以確定的是：光緒廿八年（1902）章氏給吳君遂的信上即已說「下走之于實齋……私心傾向久矣」（〈章太炎致吳君遂書（九）〉，原件係手迹，轉引自《章太炎年譜長編》，頁 142），他受章學誠的影響主要是「六經皆史」說，他形容「六經皆史」這句話「眞是撥雲霧見青天」（見〈章太炎的白話文〉，頁 44）。此外，學誠論修史嚴分「守先待後之故事」與「筆削獨斷之專家」（見《文史通義・答客問》，臺北盤庚出版社，頁 106），太炎亦云「今修通史，旨在獨斷」，（見《訄書・哀清史》，頁 201），很明顯的是受其影響。太炎之特賞劉歆，恐亦與學誠之推崇「歆、固之學」有關；他在〈致吳君遂書（九）〉中即曾說：「同宗大儒……宗仰子駿」（轉引自《長編》，頁 142）。但自光緒卅四年（1908）左右，太炎逐漸背離學誠，主要是因學誠認為有「位」才有資格「述作」（見《文史通義・原道》，頁 22～25）。太炎說那是「教人以諂」（〈與人論國學書〉，《叢書》，頁 841）。學誠貶抑「經師」（《文史通義・原道下》，頁 27），而太炎則處處頌揚經師。學誠因重「口耳相傳之學」，故特別揄揚《公羊》、《穀梁》之學（《文史通義・言公上》，頁 37）；此自為太炎所不滿。另外，太炎發現《文史通義》中有極多訛誤（〈與人論國學書〉，《叢書》，頁 841），關於這一點，余嘉錫亦曾專文論及，見其〈書章實齋遺書後〉，收在《余嘉錫論學雜著》（臺北：河洛出版社，1976 年），頁 615～624。

〔註 79〕太炎主要是受東原「欲當即理」思想之影響，故在〈釋戴〉篇上特別強調「米鹽之事，古先王以是相民而後人視之猥賤」，但他認為「欲」如過當亦將導致「崇飾慆淫」之弊（見《叢書》，頁 705）。

# 第三章　與清末今古文之爭

　　清代中晚期的今古文之爭是中國學術思想史上極具關鍵地位的事件，而章太炎正是這場論爭中古文陣營在晚清最重要的代言人，他一生的思想發展又與這一場論爭有分不開的關係，故在這裏要特別討論他參與這場論戰的始末及影響。〔註1〕

　　關於清代今文學興起的原因，目前尙未見到完整的論述，故只能暫援二因說之：一、清學的目的是孔子之道的眞面目，故文獻資料愈接近孔子的時代則可信度亦愈高，清中葉以後，逐由東漢的許、鄭之學導源而上，詩宗三家而斥毛氏。書宗伏生、歐陽、夏侯而去古文。禮宗《儀禮》而毀《周官》，易宗虞氏以求孟義，《春秋》宗《公羊》而排《左氏》，西漢十四博士之說至是復明。二、道咸以後，內有太平天國之亂，外有鴉片戰爭，智識階級乃更圖擺脫名物訓詁，張《公羊》微言大義以經世，希圖斡旋世運。〔註2〕

　　今文復興運動大約從莊存與開始，歷經劉逢祿、宋翔鳳、龔自珍、戴望、魏源而日漸光大；光緒年間，皮錫瑞、王闓運、廖平皆承其學。康有爲早歲好《周禮》，曾著〈何氏糾繆〉攻何休，後因見廖季平書，而盡棄舊說，專致力於今文學並力倡孔教。〔註3〕康氏所著《新學僞經考》、《孔子改制考》可謂清末今文家聲焰最大、影響最廣之著作，二書對古文家作了極尖銳之攻擊。古文陣營中對康有爲等人的尖銳挑戰，並未能立即提出大量有效的反擊，由當時古文經重鎭孫詒讓消極的態度即可看出。章太炎於〈瑞安孫先生傷辭〉中說：

---

〔註1〕 見周予同，《經今古文學》（臺北：商務印書館，1967年），頁28。
〔註2〕 同前書，頁30。
〔註3〕 同前書，頁34。並見《康南海自訂年譜》（臺北：文海出版社，《近代中國史料叢刊》第二輯），頁12。

會南海康有爲作《新學僞經考》，詆古文爲劉歆僞書。炳麟素治《左氏春秋》，聞先生治《周官》，皆劉氏學，駁《僞經考》數十事，未就，請于先生。先生（案：指孫詒讓）曰：是當謹世三數年，荀卿有言，狂生者不胥時而落，安用辯難其以自熏勞也。〔註4〕

故當章氏揭古文經之幟與今文家抗時，他的有力同志並不多。〔註5〕

章氏自謂他在二十四歲（光緒十七年，1891）時，「始分別古今文師說」；〔註6〕《新學僞經考》也正好在這一年刊行，故他之所以判分古今文，頗可能係受到康有爲之刺激；也是他正式與今文家相抗的開始。大家最感興趣的當然是章太炎何以挺身與康有爲相抗，這除了歸因於個人的氣質傾向與他的思想傳承外，目前還找不出更深入的解釋。章太炎與今文家對抗，可分爲三個階段。

最初，當康有爲的《新學僞經考》於光緒十七年（1891）出版時，太炎只成駁議數十條而已，誠如他自己形容的是「瑣屑之談，無預大義」。〔註7〕一直到五年後——即光緒廿二年（1896），才撰成《春秋左傳讀》，又在光緒二十八年（1902）撰成〈駁箴膏肓評〉、〈砭后證〉、〈左氏春秋考證砭〉等文，以駁難劉逢祿。目前我們只能讀到由《左傳讀》的一部份改寫成之〈春秋左傳讀敘錄〉，還有〈劉子政《左氏》說〉及〈駁「箴膏肓評」三書敘〉（1902）等文字。〔註8〕

---

〔註4〕 見《叢書》，頁761。

〔註5〕 案：在這場論爭中，頗多游離於二派之間的，如夏曾佑、劉師培是。劉師培〈讀某君孔子生日演說稿書後〉云：「夏曾佑者，實感於基督教之勢力，而恐孔教之亡，乃唱保教，力求孔子可以爲教主之證據，而又深研各宗教之故事及其性質，故所得百倍於康〔案：指《孔子改制考》〕。而夏時在天津與嚴復交，嚴好達爾文、斯賓塞及諸哲學家之言……時爲夏言西洋哲學家反對宗教之故……夏大悟，乃即以其所得保教之資料悉舉以攻孔教，而夏遂爲攻教說之代表」（《劉申叔先生遺書》冊三，頁1748），則夏氏是從今文陣營游離至古文陣營者。劉師培則是由古文陣營到兼容今古。其好友南桂馨爲《遺書》所撰〈序〉云：「申叔之力攻今文，在其講學蕪湖，倡革命于申江時」（《劉申叔先生遺書》，頁39）。故他與章太炎站在一起攻今文是在光緒卅二年前後（見《遺書》，頁15，〈左盒年表〉），此外劉氏大抵是今古兼容的，對幾部今文經典（如《白虎通》）都有專論。尤其民國元年在四川國學學校任教時，對今文家更傾向。惟反對今文家視「古文經爲僞造及孔子改制託古之說也」（見錢玄同《劉申叔先生遺書·序》，頁36。）

〔註6〕 《自訂年譜》，頁4。

〔註7〕 關於撰駁議數十條，同註4。「瑣屑之談，無預大義」是章氏晚年〈自述治學〉中語，見《制言》二十五期，頁3。

〔註8〕 《春秋左傳讀》撰于光緒十六年（1890），曾自印出版，共五卷，小字石印本，

這三份著作大致從兩方面與今文家爭衡。第一、回答劉逢祿及康有為等對古文經（以《左傳》為主）的質疑；如他自言其〈劉子政《左氏》說〉主要是：

> 遍尋荀卿、賈生、太史公、張子高（敞）、劉子政諸家《左氏》古義。〔註9〕

太炎雖未明言何以下此苦功，但我們可以看出他是為了回答今文陣營提出的一個尖銳的問題；即劉逢祿《左氏春秋考證》上所說的：

> 要之，此數公（指賈生、張敞等）者，於《春秋》、《國語》未嘗不肄業及之，特不以為孔子《春秋》傳耳，歆不託之名臣大儒，則其書不尊不信也。〔註10〕

劉逢祿指出：《左傳》的傳經系統乃劉歆捏造以使人尊信其書者。章太炎為了回應他的挑戰乃立意從此等人著作中尋訪有關《左氏》之諸論，一有所得，則可證明諸人確曾傳經，而劉歆不居捏造之罪也。

第二、今文陣營認為《左傳》與孔子《春秋》無關，並不傳孔子作《春秋》的「微言大義」。對於這一挑戰，章氏用以自堅其陣並反擊今文家的方法，卻竟就是學自今文家的。故他在這一條路上所花的苦心只有使他更陷入自造的陷阱中。今試析之。

在〈劉子政《左氏》說〉中，如說「《公羊》宣十六年成周宣謝災」條，〔註11〕章太炎就堅持：《左傳》在說明孔子寄託於此事上的微言大義，比諸公羊家所說更精，亦更符合孔子之意。如「隱三年經庚戌天王崩」〔註12〕條，太炎又說《左傳》與《公羊》說法相通。又如「天子之車則曰乘輿，諸侯稱乘輿則為僭妄」事，太炎則曰此制「乃春秋家所定爾」、「非周所有」之制，而《左傳》作者實深知孔子假託此制以立法的寓意，《公羊》卻未能及得上。〔註13〕章太炎用這些例子來說明《左傳》勝過《公羊》，以與今文家爭持。而事實上他的立基點竟是借自今文家的 —— 認為《春秋》乃孔子憑

---

但流傳極窄，而章氏後亦不滿意，只擇一小部份改成《春秋左傳讀敘錄》，收入《章氏叢書》（請參錢玄同〈與顧起潛書〉，載《制言》第五十期，頁1）。《駁箴膏肓評》一卷，手稿藏上海圖書館。〈砭后證〉目前尚未發現手稿（以上依《章太炎選集》編者說明，見頁143小註）。

〔註9〕《自訂年譜》，頁4。
〔註10〕轉引自康有為《新學偽經考》（臺北：商務印書館，1974年），頁122。
〔註11〕〈劉子政《左氏》說〉，見《叢書》，頁44。
〔註12〕同前書，頁32。
〔註13〕同前註。

空「立法」而作。古文經陣營本就是最堅決反對此說的,那麼太炎拚命舉出《左氏》精於解釋孔子立法改制的各種證據,不就為今文家所堅持的孔子憑空作《春秋》以制法之說添了一支生力軍嗎?故他舉的例子愈多,對古文家愈不利。這一曲折之處非深察實難以看出,太炎本人到晚年才深深反悔,在〈春秋左氏疑義答問〉中有一條(雙行夾註)云:

　　昔撰〈劉子政《左氏》說〉,猶從賈素王立法義,今悉不取。〔註14〕

又於〈自述學術次第〉中說:

　　余初治《左氏》,偏重漢師,亦頗傍采《公羊》。〔註15〕

其實此期太炎非止「傍采《公羊》」,幾乎是舉《左氏》投降今文家並陰助《公羊》一臂之力也。

　　在這一階段章氏與今文家對壘的成績是無力而又失據的,〔註16〕其根本原因在於章氏尚未對孔子《春秋》經之性質,建立自己的觀點;而仍依傍今文家,以為《春秋》是孔子為「立法」而作。

　　章太炎長期與今文家反覆駁難,同時,其自身所據守的理論,亦隨之而變。前面說過,在第一階段,他尚認《春秋》為孔子所創作以寄託微言大義;但從第二個階段起,他開始堅持《春秋》是一部史籍。這個階段,約從光緒廿五年(1899)開始,主要是以皮錫瑞、廖平、康有為及其門徒為批評的目標,最具關鍵性的文字是該年所撰的〈今古文辨義〉,主要是確立了孔子為一史家的觀點,此後的各種筆札著述中,都順著此路續作發揮。括而言之,他大致圍繞著下列幾個論題對今文家展開攻擊:(一)反對今文家「神道設教」;(二)反對今文家之主張六經皆孔子託古之作,認將招致疑古風潮;(三)反對他們預言式的史觀;(四)反對其尊君卑臣之論;(五)反對其「微言大義」的主張。

## (一)反對今文家神道設教

　　章太炎對迷信、神道設教終生攻擊不遺餘力。而且他在有意無意間又將

---

〔註14〕《春秋左氏疑義答問》卷一,《叢書》,頁 1024。

〔註15〕〈自述學術次第〉(與《自訂年譜》合訂本。臺北:文海出版社,《近代中國史料叢刊》第六七二),頁 55。

〔註16〕以《春秋左傳讀敘錄》一書而言,光緒卅四年(1908),章太炎的學生錢玄同在東京讀到了,他說:「……見到太炎師的《春秋左傳讀敘錄》之稿,專對劉(逢祿)書攻擊,心竊懷疑,再取劉書細讀,終不敢苟同太炎師之說」(錢玄同〈左氏春秋考證書後〉,載《古史辨》第五冊,頁 4)

中國大部份的迷信思想視爲今文家的產品。他追溯這一脈迷信思想之源流曰：

> 《明堂大道錄》流爲張翰風之《風后握奇經》，《公羊》、《齊詩》，流
> 爲康長素之《孔子改制考》。翰風爲義和團之先師，長素雖與相反，
> 而妖妄則同，若探其原，則董仲舒、翼奉亦義和團之遠祖矣。〔註17〕

章氏認爲董仲舒是迷信思想之總源頭，故用最苛酷之詞罵之曰：

> 董氏者，其聖足以幹百王之蠱，於喪躬亡嗣，謂之不孝之尤，其表
> 曰「絕祀」，其中堅曰「喪先人之智」，於臚大山，祀爰居謂之「瀆
> 亂」，其名曰「僭越」，其實曰「蠢愚」。〔註18〕

主要就是因他不滿董仲舒提倡「神怪祇鬼」〔註19〕而其流遺又延續到晚清今
文家身上。

## （二）反對今文家託古改制之論

　　康有爲的《新學僞經考》與《孔子改制考》是清季今文家的扛鼎之作。
前書認爲漢以前之故籍全被王莽、劉歆改竄過；後者視「六經」爲孔子託古
之作，乃政治改革計劃書，不必有任何歷史背景，故經書中所載上古史事俱
不必實有其事。前者辨「僞書」，後者揭「僞史」，正好成爲後來參與古史辨
運動者所標榜的兩個主題。〔註20〕

　　在與今文家相抗之第二階段，章太炎便看出今文家「託古改制」之說將
招疑古危機，故極力抗駁「六經爲孔子託古之作」之說。在〈駁皮錫瑞三書〉
中，他說：

> 晚世尊公旦者，黜孔子以爲先師。訟孔子者又云周監二代實無其禮。
> 不悟著之版法，姬氏之功，下之庶人，後聖之績，成功盛德，各有
> 所施，不得一概以論也。〔註21〕

今文家欲高捧孔子，故主張六經全部爲孔子創造，其中所有歷史背景皆係僞
託，故有「周監二代實無其禮」之說。依今文家之說則劉歆是造僞者，孔子
亦是造僞者，古代歷史又何一是眞？故太炎強調：「六經自有高于前聖制作，
而不得謂其中無前聖之『成書』」，〔註22〕是語即欲扼制其託古之說。但是，

---

〔註17〕　見《訄漢微言》，《叢書》，頁949。
〔註18〕　《訄書・爭教》，頁158。
〔註19〕　同前註。
〔註20〕　見顧頡剛〈論辨僞叢刊分編分集書〉，《古史辨》第一冊，頁23。
〔註21〕　〈駁皮錫瑞三書〉，《叢書》，頁652。
〔註22〕　〈今古文辨義〉，原刊《亞東時報》，輯入《章太炎政論選集》，頁109。

孔子如果只是整理前聖之「成書」而成六經，那麼，他又何偉大之有？這是今文家所斷不能同意的。章太炎乃假託「儒有好今文者」設問，曰：

> 玄聖沒矣，其意託之經，經不盡，故著微言於緯。不知緯，乃以經為記事。誠記事，遷固優為之，安用玄聖……。〔註23〕

對於此問，太炎自答曰：

> 公以經典非記事，又不記事以起義也。欲張其義，故假設事類應之。即如是，公言《周官經》、《左氏春秋》悉劉歆作偽者，乃不足以誚歆也。等之造事，焉知劉歆不假以張義？以孔子聖人，故可，劉歆非聖人，故不可，聖與非聖，我與公又不能質也。〔註24〕

既說孔子造事以託義，怎能說劉歆非亦造事以託義？則古往今來所有人皆可造事以託義，「踵其說者，並可曰孔子事亦后人所造也」？〔註25〕照這個說法推下去：

> 安知孔子之言與事，非孟、荀、漢儒所造耶？
>
> 孟、荀、漢儒書，非亦劉歆所造耶？
>
> 彼古文既為劉歆所造，安知今文非亦劉歆所造以自矜其多能如鄧析之為耶？而〈移讓博士書〉，安知非寓言耶？〔註26〕

結果必至於「蘭台歷史，無一語可以徵信」。〔註27〕他並且預言上述這些話「廖氏（指廖平）不言，后之人必有言之者，其機蓋已兆」〔註28〕——章氏的觀察可說是很精銳的，他寫這段文字二十年後，激烈的疑古運動便蔚然而興矣。

章氏說今文家不只疑六經，且遍疑「五史之實錄」，〔註29〕而其疑偽工作背後有層心理動機：因為他們欲扭曲歷史以助成其主張，而成周以降之史事，又還有明文記載，迴避不成，只好摭緯讖以改成事，至於魏晉史事則不能以讖緯奪之，乃云皆是「史官曲筆道諛」：

> 及夫成周以降，事有左驗，知不可求之掘穴瓦礫，因摭緯讖以改成事。下及魏晉，緯讖又不足用，乃棄置不一道，且曰：史官皆曲筆

---

〔註23〕〈信史上〉，《叢書》，頁670。
〔註24〕同前書，頁670～671。
〔註25〕〈今古文辨義〉，《章太炎政論選集》，頁114。
〔註26〕同前書，頁115。
〔註27〕同前註。
〔註28〕同前註。
〔註29〕〈信史上〉，《叢書》，頁672。

道諛。〔註30〕

自清末以來，章氏長期懷疑地下出土史料，乃爲學界所嘲，而他之所以堅持己說，是有特殊心理背景。因他誤以爲今文家「以經籍非記事而古史不足徵」，〔註31〕乃「欲穿地以求石史」，故竟認爲以地下史料批判舊史根本是今文家意欲抹煞古史「又惑於西方之說」〔註32〕的結果；而專信地下史料的結果也就必然要抹煞六經中的古史。〔註33〕這個判斷顯然是意氣盛於理智。

## （三）反對今文家預言式史觀

今文家以三統迭起爲基礎，主張循環歷史觀，此亦深爲太炎所抑。他在〈徵信論〉中作了如此批評：

夫禮俗政教之變，可以母子更求者也。雖然，三統迭起，不能如循環；三世漸進，不能如推轂。心頌變異，誠有成型無有哉？世人欲以成型定之，此則古今之事得以布算而知，雖燔炊史志猶可。〔註34〕

他說：如果必欲借助三統歷史觀以預測未來，則「安用玄聖（指孔子）」，〔註35〕江湖術士即可勝任矣。且三統說一旦成立，古今事狀俱可套入此一規則，史書亦可拉雜燒之了。

## （四）反對今文家倡尊君卑臣之論

太炎最爲反對尊君卑臣之論，他認爲一部份今文家倡「《春秋》成而亂臣賊子懼」與「五行」觀念，都間接穩定了「尊君卑臣」的思想。過去部份注解家對《春秋》經中弒君事件頗有歸罪於君王者，顧棟高在〈讀春秋偶筆〉中嚴厲責備這些解家是在「助亂」，〔註36〕太炎對顧氏此舉極爲不滿，認爲他是故倡尊君卑臣。他又認爲自從鄒衍以陰陽五行來比附君臣上下六親的關係，董仲舒也假藉它來「說五行、說忠臣」，〔註37〕此後，以「五行」的理論來支持尊君卑臣

〔註30〕同前註。
〔註31〕同前書，頁671。
〔註32〕同前註。
〔註33〕同前書，頁670。
〔註34〕〈徵信論下〉，《叢書》，頁669。
〔註35〕同註32。
〔註36〕〈駁箴膏肓評三書敘〉，《章太炎選集》，頁141。案章氏反「尊君卑臣」之言論散見各處，較早的一條是《訄書·學蠱》篇中之攻擊唐末說《春秋》者「尊君卑臣，小忠爲教」，像盛均作〈仲尼不歷聘解〉，孫郃作〈春秋無賢臣論〉皆是。見《訄書》，頁14。
〔註37〕〈說于長書〉，《叢書》，頁661。

的思潮就由今文家一路傳承下來。到了清代，莊存與、劉逢祿、宋翔鳳等今文經師仍然大力發揮這個傳統。〔註38〕太炎對此深致不滿之意。

## （五）反對其倡「微言大義」

在這一階段章氏視《春秋》為「史」，不再認為是孔子「立法」之作，故深抑「三科九旨」之說。他說：

> 僕以素王修史，實與遷固不殊，惟體例為善耳。百工制器，因者易而創者難，是無孔公，史法不著，《尚書》五家，年月潤絕，周魯舊記，棼襍失倫，宣尼一出而百國寶書和會于左氏……遷固雖材，舍是則無所法。此作者所以稱聖也，何取三科九旨之紛紛者乎？〔註39〕

太炎認為孔子之所以稱聖是因為他的史才卓越，他獲得了這個立足點才可能針對今文家據以說微言大義的幾個基本主張，加以扭轉或辯破。這個工作主要包括如下五點…

一、「其義丘竊取之」：太炎在〈春秋故言〉中說：

> 義者，春秋凡例，掌在史官，而仲尼以退吏私受其法，似若盜取，又亦疑于侵反，此其言罪言竊所由也。〔註40〕

今文家說「義」是孔子編造春秋史的主旨，太炎則說那不過是官家修史的「凡例」而已，而始作《春秋》凡例者，必是宣王時的太史，〔註41〕決不會是孔子所自創。

二、「《春秋》成而亂臣賊子懼」：在章太炎心目中，《春秋》既是一部史書，則它自有一定的教戒垂鑒之功用；但他完全不贊成將之誇大渲染為「《春秋》成而亂臣賊子懼」。其言曰：

> 明君在上，正身率下，刑政具舉，則亂臣賊子自懼而不敢發矣。苟任君父之失道，而徒于已弒之后，明書亂賊之名，雖筆為日月，何足使亂賊心懼哉？且百二十國寶書，固已明著其姓名矣，何待書之《春秋》而始懼哉？若謂寶書與《春秋》，優劣懸殊，傳否自當有異，聖人先料及之，則聖人亦未能知《春秋》之傳世也。〔註42〕

---

〔註38〕 同前引。
〔註39〕 〈與人論樸學報書〉，《叢書》，頁722。
〔註40〕 《檢論‧春秋故言》，見《叢書》，頁531。
〔註41〕 同前註。
〔註42〕 〈駁箴膏肓評三書敘〉，《章太炎選集》，頁141。

他尤其反對今文家為了誇大《春秋》能使亂臣賊子懼的功能，輒以「烏有之見」〔註43〕加於其上，以致把《春秋》當成是一部預言書。

　　三、「新周故宋王魯」：今文家的「新周」之說，章太炎謂係曲解周代禮制變遷之史實而成的：

> 若夫法制變更，穆王以下，漸與成周異矣……東國制度浸變……董仲舒、何休之倫，橫言《春秋》改周之文，從殷之質，合伯子男為一，文家爵五等法五行、質家爵三等法三光，何其鄙也。〔註44〕

因為周代政制經過幾次變遷，《春秋》只是據實記載，而不明實情的今文家遂振振有詞的說那是孔子故意寄託改制之意。

　　四、「素王」：今文家稱孔子為「素王」，太炎早年亦曾取以名仲尼，後在〈檢論〉中則改口稱孔子是「百世伯主」，但稱孔子為「伯主」決非暗示他曾改制，而是因其民族主義史學之貢獻：

> 綜觀《春秋》，樂道五伯，多其攘夷狄、扞族性，雖仲尼所以自任，亦曰百世之伯主也，故曰竊比于我老彭，老彭始自籛鏗，至於大彭，身更數代，功正夏略，為王官之伯，而亦領錄史藏。

> 今以立言不朽為中國存種性，遠殊類，自謂有伯主功，非曰素王也。

> 漢世中國未有劇禍，經師守文，不與知《春秋》本旨，固無怪。〔註45〕

太炎進一步釐清「素王」二字的意義曰：此名原見《莊子》，莊子之本意是「無其位而德可以比於王者」，只是道德高尚之人的美稱；況且，「仲尼素王者，自後生號之」，並不是仲尼自題署，〔註46〕故所謂「端門受命，為漢制法」〔註47〕之說決無根據。他說，實際上「為漢制法」者是李斯不是孔子：

> ……漢世五經家既不逆觀，欲以經術干祿，故言為漢制法。率其官號郡稱刑辟之制，本之秦氏，為漢制法者，李斯也，非孔子甚明。
> 〔註48〕

又說，今文家稱《公羊》「為漢制法」實是「為漢制惑」：〔註49〕

〔註43〕　同前書，頁140。
〔註44〕　《國故論衡‧明解故》，頁113～114。
〔註45〕　同前書，頁533。
〔註46〕　《國故論衡‧原經》，頁85。
〔註47〕　同前註。
〔註48〕　同前註。
〔註49〕　同前書，頁86。原文是：「《春秋》二百四十二年之事，不足盡人事之蕃變，典

慎子云：《詩》往志也，《書》往誥也，《春秋》往事也。往事即先王
之志，明非為後王制法也。……若夫加之王心，為漢制法，斯則曲
辯之言，未足以定至大之域……。〔註50〕

《春秋》明明是記載先王史迹的，怎可能是為漢制法？他並說：

夫《春秋》者，先王之陳跡、詳其行事，使民不忘故常；述其典禮，
後生依以觀變，聖人之意盡乎斯矣……其他懲惡勸善，率由舊章，
若欲私徇齒牙，豫規王度，斯未知無方之傳，應物不窮，豈以姬周
末世，而能妄臆嬴鎦之變哉？老子曰：前識者，道之華而愚之始，
明孔父本無是言，《公羊》曲學，成此大愚也。〔註51〕

康、梁比前人更激烈地主張孔子不只是為漢一代制法，而是為萬世制法，太
炎駁以「法度者與民變革，古今異度，雖聖人安得豫制之」，〔註52〕論點相當
平正通達。

五、「經世」：「春秋經世，先王之志」是今文家倡「通經致用」的理據之
一，章太炎則將「經世」解為「紀年」；其言曰：

經猶紀也，三十年為一世，經世猶紀年耳。〔註53〕

又說：

自《春秋》作，十二公始有敘次，事盡首尾，以年月稱衡，歸之檃
括，而文無殆疑，故曰經世。經世者，猶云世紀編年矣。〔註54〕

所以「經世」只是修史的一種體例，別無他義。孔子寫《春秋》應是像司馬
遷一樣在修史，並不想通經致用。在他看來，六經既只是歷史文獻，怎可能
關聯呼應每一個時代？

章氏對今文家最後一個階段的駁擊仍是從釐清《春秋》經之性質入手的。
他對此問題的最後定論，在《春秋左氏疑義答問》一書中發揮殆盡，尤其是
把孔子「據魯史作《春秋》」之說引伸得更激烈。他自述這一個發展過程曰：

---

章亦非具舉之，即欲為漢制法，當自作一通書，若賈生之草具儀法者。今以不
盡之事，寄不明之典，言事則害典，言典則害世，令人若射覆探鉤，卒不得其
翔實，故有公羊、穀梁、鄒、夾之傳，為說各異，是則為漢制惑，非制法也。」

〔註50〕《齊物論釋》，《叢書》，頁366。
〔註51〕同前書，頁367。
〔註52〕同前註。
〔註53〕《國故論衡·原經》，頁88。案此說太奇，阮芝生先生有駁，見《從公羊學論
春秋的性質》（臺北：臺大文學院，1969年），頁11註15。
〔註54〕《檢論·春秋故言》，見《叢書》，頁531。

　　（民國五年）出都後，卜居滬上，十餘年中，念孔子作《春秋》，語
　　殆非實。孔子刪詩、書，正禮、樂，未加一字。《春秋》本據魯史，
　　孔子述而不作，倘亦未加一字。一日，閱彭尺木書，知蘇州有袁蕙
　　纕者，言孔子以魯史爲《春秋》，未加筆削，心韙之。〔註55〕

民國十九年他在給黃季剛的一封信上亦表示，這時贊同葉水心《習學記言》
上所說的：

　　（春秋）一切書法皆是史官舊文，惟天王狩河陽、僑如逆女，齊豹
　　三叛四事，爲孔子所書。〔註56〕

《春秋》經中屬於孔子手筆的部份既然只有四件事，那麼孔子是怎樣一個史
家可思過半矣。民國廿三年所作之《春秋左氏疑義答問》正是發揮這一新解
之作。此書論證極繁，大致主張周宣王之時始修《春秋》，〔註57〕「五十凡」
亦是宣王之史所留下的修史凡例；〔註58〕宣王之後各國皆有《春秋》，魯國因
距周的東西都皆遙遠，故一直到共和後一一九年，孔子才修《春秋》。〔註59〕

　　左丘明是當時的周太史，他才有資格觀覽周室所藏史料，孔子乃隨左氏而
入讀周史。〔註60〕但孔子因非周太史，故觀周史記後，仍不敢據之以刻定魯史，
大致把魯史舊文照錄於《春秋》經，而將見到的新史料付諸左丘明寫「傳」，故
「經」「傳」互爲表裏。〔註61〕不僅此也，孔子對當時發生的事件，因有種種顧
忌，並不敢寫入《春秋》中，他也把這些隱微之事跡付《左傳》。〔註62〕

　　因魯只是一個偏國，所以《魯春秋》只是偏國之《春秋》，不能周覽全局，
故有其侷限性。「周史」與「魯史」比較，則「周史」見聞通於四海，魯史見
聞局於一隅，「周史如圖郡國，不以遠近分巨細，不以隱顯爲成虧。魯史如畫
山川，近者則審諦，遠者則微茫，顯者則著見，隱者則闕略」。〔註63〕雖鑒於

〔註55〕〈記本師章公自述治學之功夫及志向〉（諸祖耿筆記），《制言》第二十五期，
　　　　頁3。
〔註56〕〈答黃季剛書〉，收《章太炎書札》，鈔本，溫州圖書館藏。轉引自湯志鈞《章
　　　　太炎年譜長編》，頁904。
〔註57〕《春秋左氏疑義答問》（以下簡稱《答問》）卷一，《叢書》，頁1014。
〔註58〕同前書，頁1019。
〔註59〕同前註。
〔註60〕同前書，頁1021。
〔註61〕同前書，頁1025。
〔註62〕同前書，頁1020。
〔註63〕同前書，頁1025。

此，但孔子又不能爲魯史作補闕的工作，因孔子如依周室所藏百國之書以改竄魯史，等於是「以《周春秋》之實蒙《魯春秋》之名；所謂《春秋》道名分者，不其反乎」，〔註64〕故孔子只好把新得史料交予《左傳》，而己修的《春秋》幾乎全部因仍魯史之舊貌。《春秋》既大致繼承了魯史的規模，亦繼承了魯史的各種侷限。太炎認爲今文家所發揮的微言大義，恰有不少是建立在這些侷限上的。譬如《春秋》上偶不書「周葬」，今文家認爲是黜周，但章氏卻說：「春秋魯史不必書周葬，故不書非黜周」；〔註65〕又有一部份被今文家視爲孔子特寄深意之處，章氏亦揣度當時歷史實況，予以新解。如：「以春秋當新王」：章太炎便解曰：孔子作《春秋》之時，王綱絕紐，亂政亟行，故理想不能懸之太高，責之太切，「必繩以宗周之法，則比屋可誅。欲還就時俗之論，則彝倫攸斁，其惟稟時王之新命，采桓文之伯制，同列國之貫利，見行事之善敗，明禍福之徵兆，然後可施於亂世，關及盛衰」〔註66〕——認爲所謂稟時王之新命是純爲牽就現實，別無他意。又如陳國滅後，而《春秋》昭公經上猶書「陳災」，依《公》、《穀》二傳之說，是孔子特別爲了「存陳」而筆。太炎則認爲：「雖然興滅國，繼絕世，聖王之高致，而作史者固無其權。說爲『存陳』，而非其實，蓋陳雖暫滅，後有陳侯吳歸於陳，故得追書以示未絕，非孔子私存之也」。〔註67〕

《春秋》是魯史官之書，故記事時亦必需牽就一些政治上的利害，如「州公」稱「公」者，何休說是欲「由其尊，起其慢，責無禮」，太炎則說那是因政治上的緣故——「周世諸侯多因夏殷舊封，時王未黜其爵，春秋無容施貶也」。〔註68〕又如《春秋》在魯莊公之世，書涉王室者少。太炎解釋曰：因「魯國首抗王命」之故，不能多載，他無深意。又《春秋》記載列國之君，有分正僞，或序其名位者，太炎的解釋是「視乎魯之邦交」〔註69〕而定，不必是孔子特意尊貶。又說：《春秋》記事依於「事權」，而輕「班秩」，「事權若重，則攝卿亦記載」，〔註70〕則《春秋》是深深爲現實政治之利害牽絆矣。

---

〔註64〕同前書，頁 1020。
〔註65〕同註 62。
〔註66〕同前書，頁 1025～1026。
〔註67〕同前書，頁 1027。
〔註68〕同前書，頁 1019。
〔註69〕《答問》卷二下，「叢書」頁 1045。
〔註70〕《答問》卷三，頁 1051。

綜上所言，可獲一結論：章太炎晚年對《春秋》經的定論是：孔子繼魯史作《春秋》，但並未有多少改動，也未寄託任何微言大義。吾人若將他早期所主張的「若《春秋》則孔子自作」（〈劉子政《左氏》說〉中語）與此最後定論相較，則可發現其中的改變是很鉅大的。經過與今文家數十年對壘後，其所宣揚的古文經內容，亦相對地改變了。大家都知道太炎是一個古文家，卻較少留意他不是一開始就以這樣或那樣的古文家出現。在與論敵長期纏鬥的過程中，他的思想也同時被論敵制約形塑成一個特殊的風貌。

這層深沉複雜的關係，又可以從章太炎與康有爲的思想對抗中看出。用「雙峯並峙，二水分流」來形容清季康有爲與章太炎的並立，誠再恰當不過。〔註71〕若從影響力來看，康、章二人有如並峙之雙峯，難分高下；若從思想內容看，則他們分別代表尖銳對抗的今、古文兩大陣營，其並立正宛如二水分流；不過，除了「對立」之外，章太炎與康有爲之間還有一層頗爲複雜的思想關係。

章太炎（1868～1936）比康有爲（1858～1927）足足小了十歲，當章氏還是默默無聞的詁經精舍舍生時，康氏聲名正如日中天；當時章氏曾草數條駁《僞經考》，雖未成，但隱隱視康爲論敵矣。章氏任職《時務報》時期，在思想上一度受到康有爲極大的影響，他雖然很快的從這一震盪中平復過來，並處處與康爭持，但他後來所寫的文字，卻時時顯露出他暗中與康有爲搏鬥而又處處陷入康氏的牢結。〔註72〕這裏擬舉一個例子說明此一現象。

如所周知：清末今文家攻擊劉歆的程度至康有爲乃臻於頂點，在康氏的《僞經考》中，狂罵劉氏者不下百處之多；這裏謹舉一條爲例：

> 劉歆作古文以寫僞經，創爲訓詁以易經義，於是以《論語》、《孝經》列六藝，又以僞作之《爾雅》、《小雅》廁孝經家。自是六經微言大義之學亡，孔子創作教養之文絕，自後漢以來，訓詁形聲之學徧天

〔註71〕這裏援借了余英時教授的話。他的原文是：「……撇開學術造詣的深淺不談，祇從思想上的影響來看，清末的康、章並立，很容易使我們聯想到清初的顧炎武與黃宗羲，中葉的戴震與章學誠那種『雙峯並峙：二水分流』的局面」，見〈五四運動與中國傳統〉，收在汪榮祖編《五四研究論集》（臺北：聯經出版公司，1979年），頁114。

〔註72〕如《訄書‧爭教》篇，顯然就是自《孔子改制考》（臺北：商務印書館，1968年）的「周末諸子並起創教」（《孔子改制考》卷一）等章節敷衍而成的。康有爲說「少正卯在孔子時爲一國大師」（見《改制考》卷十四，頁四a），章太炎亦說少正卯與孔子爭教，孔氏門下「三盈三虛」（見《訄書》，頁159）。

下，塗塞學者之耳目，滅沒大道……。六經筆削於孔子，禮樂制作
於孔子，天下皆孔子之學，孔子之教也，歆思奪之。於《易》，則以
爲文王作上下篇。於《周官》、《爾雅》，以爲周公作。舉文王、周公
者猶許行之託神農，墨子之託禹，其實爲奪孔子之席計，非聖無
法，……歆作僞經，定《七略》，其罪如此，天下後世，猶甘尊信之
否？〔註73〕

依康有爲之意加以推衍，則一千八百多年來的經學俱皆「僞學」，而亦盡由劉
歆一人導演之；幾乎所有經籍皆爲他所作、所竄，而鄭玄、馬融等經學大師，
亦不過是劉歆之黨眾耳；其言曰：

馬、鄭黨僞破經，罪難末滅，若必科斷，應與劉歆首從並誅矣。
〔註74〕

但是，康有爲之攻劉歆，從另一個方面看，卻亦等於揄揚劉歆之高才博學。
本來，有爲亦承認劉氏乃「絕人之才」：

歆以博聞強識絕人之才，承父向之業，觀中秘之書，旁通諸學，身
兼數器。〔註75〕

惟不滿其恃高才，竄僞逞奸。因此康有爲加以劉歆之罪行愈大，反而顯示歆
才之高，故康有爲之罵劉歆「欲奪孔子之席」，實無異承認劉歆才高直逼孔子。
罵二千年來之「僞學」全爲劉歆所導演，實無異於將二千年學統捧歸劉歆，
則劉歆特孔子之後第一人耳。而且，從另一方面看：康有爲既說孔子「託古」
造六經，劉歆亦託古僞造六籍，二人俱皆「託」也，是無異以孔子爲第一任
眞的作僞者，劉歆爲第二任假的作僞者，〔註76〕則孔子與劉歆有何軒輊之分？
前面就引過章太炎的一段話說：如果照康有爲加給劉歆的罪狀看，則孔子是
聖人，劉歆難道就不是聖人嗎──

等之造事，焉知劉歆不假以張義？以孔子聖人，故可，劉歆非聖人，
故不可，聖與非聖，我與公（指康有爲）又不能質也。〔註77〕

在《新學僞經考》出版（1891）後五年，章太炎首度（1896）自稱「劉子駿
私淑弟子」，後來又擁劉歆以與孔子相抗（見《訄書‧訂孔》）；表面上看他是

〔註73〕康有爲，《新學僞經考》卷三下，頁98。
〔註74〕同前書，卷十，頁196。
〔註75〕同前書，卷六，頁132。
〔註76〕借自侯外廬語，見《近代中國思想學說史》，頁798。
〔註77〕〈信史上〉，《叢書》，頁671。

在和康有爲爭鋒，其實他的思維方法與康氏是一樣的。

　　韋伯（Max Weber）從《舊約・出埃及記》第八章中借來這樣一個故事：「耶和華吩咐摩西去見法老，要求准許他帶領以色列人離去，法老不肯，耶和華就使摩西的哥哥亞倫的手杖產生神力，敎他把手杖伸在江、河、池塘之上，裏面的靑蛙就大批跑到陸地上來了，糟蹋埃及四境……在這個時候埃及的術士爲了維護自己的地位與聲譽；也用他們的邪術照樣而行，叫許多靑蛙離開水中，跑到陸地上侵襲各處」，〔註78〕引這一段故事的意思是想說明：如果沒有康有爲這樣的論敵，章太炎也決不是這樣的章太炎。章氏攻擊康有爲，而其實卻在某種程度上依據康有爲的思維方法，這不正是埃及術士與亞倫的關係嗎？此一現象是我們研究太炎思想時最當注意之處。

---

〔註78〕轉引自林毓生〈中國人文的重建〉，《思想與人物》（臺北：聯經出版公司，1983年），頁44。

# 第四章　民族思想

## 第一節　種族思想

　　關於章太炎之種族思想，論者每視之爲清代前期反滿派的遺傳，如劉大年就說他只是「搬弄儒家經典講解華戎之辨」者。[註1] 事實上，章氏的種族思想已與傳統大不相同，傳統的種族思想容許夷狄進于中國，則中國之；但章氏對此完全不能同意。他強調種族的「單一性」及「歷史淵源性」，認爲不同民族之間的差異，有如動物種類之不同，決無法調和。故其種族思想中，「部族隔離性」（tribal isolation）極強。

　　太炎本人精研《春秋左氏傳》，該書中的華夷思想對他必有極大影響；此外，他自述幼年讀《東華錄》，便憤於「異種亂華」，後來讀鄭所南、王船山兩先生的書，「全是那些保衞漢種的話，民族思想漸漸發達。但兩先生的話，卻沒有什麼學理。自從甲午戰爭後，略看東西各國的書籍，才有學理收拾進來」。[註2] 由這一段話足以了解章太炎的種族思想是建立在如下三大支柱上：（一）春秋大義，（二）晚明志士排滿思想，（三）甲午之後學習的進化論。這三種元素在他的種族言論中，交迭出現。

　　考晚清反排滿論者用以爲滿族開脫，冀消弭排滿行動的理論武器中，最有力的有如下二個：

　　（一）滿人在文化上實已同化於漢人，故有構成一混同民族之資格。[註3]

---

〔註1〕劉大年，《中國近代史諸問題》（北京：人民出版社，1965年），頁197。
〔註2〕章太炎，〈東京留學生歡迎會演說辭〉，見《政論選集》，頁269。
〔註3〕如康有爲之〈答南北美洲諸華僑論中國只可行立憲不可行革命書〉（光緒壬寅），

（二）滿人的祖先與漢族相同。〔註4〕

章太炎則由前述的三大思想支柱發展出二條路線合擊這兩個理論：

　　　（一）以進化程度之高低區別「文」、「野」──亦即「人」、「獸」──
　　　　　　「漢」、「戎」之分別。

　　　（二）以「歷史民族」來釐清種族之純粹性，如果在歷史系譜上無法找到
　　　　　　同種之痕跡，則其性雖「文」，亦不為同一種族。

他藉此徹底追究夏、戎之所以有差異之故，及其永不可能調和的原因。這些
論點在現代人看來或有荒謬之感，但在清末卻起過重大作用，是他對革命最
重大的貢獻。

## 一、進化論與文野論之結合

　　太炎追溯人的來源，肯定「生人」皆由猿猴進化而來。〔註5〕在太古時代，
民種「羯羠不均」、「屬處互效」，各自進化。決定進化之關鍵有四：

　　　　燥濕滄熱之異而理色變，牝牡接構之異而顱骨變，社會階級之異而
　　　　風教變，號令契約之異而語言變。〔註6〕

這四種因素決定了進化的早晚，由進化早晚決定部族之分及「文」「野」高下
之別：

　　　　化有蚤晚而部族殊，性有文獷而戎夏殊。〔註7〕

化之早者為「文」，晚者為「獷」，早者為「夏」，晚者為「戎」，且他們的區
別不在「形」上，故儘管二者皆具「人」的長相，但前者為「人」，後者為「獸」；
儘管狄戎沒有爪牙，又能語言，狀貌似人，但古代並不稱之為「人」，而逕呼
為「獸」，只是近代人受了滿清的箝制才諱去這樣的稱呼：

　　　　含生之類，不爪牙而能言者，古者有戎狄，不比於人，而輓近諱之。

　　　〔註8〕

世界各地皆有戎狄，譬如曾經騷擾中國幾千年的異族，他們雖「嘗盜有冀州，

---

　　　　收《康南海先生遺著彙刊》（臺北：宏業書局，1976年）冊十六，頁84～85。
〔註4〕康有為說：「《春秋》之所謂夷，皆五帝三王之裔也……然則滿洲蒙古，皆吾
　　　　同種」，同前引。
〔註5〕《訄書·原人》，頁32。
〔註6〕《訄書·序種姓上》，頁37。
〔註7〕同註5。
〔註8〕同前引。

或割其半……其有人形……其能人言也」，但絕對「不列於人」，故一概不承
認他們對中國的統治。〔註9〕他不但褫奪了曾經侵擾中國的戎狄「人」的稱呼，
並一一重溯其原名；東北遼水到挹婁一帶的叫「狄」，原屬「犬種」。甌越以
東，滇交趾以南，內及荊楚之深山者曰「貉」，屬「豸種」。河湟之間，驅牛
羊而食，飲孔酪者曰「蠻閩」，屬「蛇種」。羌族則是「羊種」。太炎表示戎狄
之所以爲禽獸，基本原因是：「其化皆晚，其性皆獷也。」〔註10〕化晚而性獷
之民，「雖合九共之辯有口者，而不能予之華夏名」，〔註11〕有了進化論的支
援，章氏將清末的滿漢之爭絕對道德化爲人獸之爭。〔註12〕

## 二、歷史民族

　　康有爲倡滿漢同源論，章太炎反對這種把達到同「文」的部族與中華民
族劃歸一類的論調，故又提出「歷史民族」，將中華民族最初成立的組成份子
規定在無法更改的古老歷史文獻的記載中。他說：

　　　　故今世種同者，古或異種，異者古或同，要以有史爲限斷，則謂之
　　　　歷史民族，非其本始然也。〔註13〕

並將最純粹的標準建立在《世本》及〈堯典〉上；其言曰：

　　　　然則自有書契，以《世本》、〈堯典〉爲斷，庶方駁姓，悉爲一宗，
　　　　所謂歷史民族然矣。

故他特別提倡譜牒之學，俾以接續《世本》、〈堯典〉釐清胡漢之別。對於《世
本》、〈堯典〉以外諸異族，章氏又提出三種不同的對待辦法：

第一、自《世本》、〈堯典〉以下，「有歸化者，因其類例，並包兼容」；像魏、
　　　周、金、元之民，在明建國時即已歸順，「宜不於中夏有玷（案：即「辱」
　　　也）」，〔註14〕則可兼容之，但即使其文化程度與中國相同，亦仍不可
　　　雜入漢族；太炎舉了一例以明之：《舊唐書》記載突厥頡利部落來降，

---

〔註 9〕同前書，頁 34。
〔註 10〕《訄書‧原人》，頁 33。
〔註 11〕同前引。
〔註 12〕章氏拼合了中國傳統視夷狄爲犬羊的思想，並援用進化論充實其論證。案：
　　　　清代官紳反教也常以人禽之辨來判分彼我；請見呂實強《中國官紳反教的原
　　　　因》（臺北：中國學術著作獎助委員會，1966 年），第一章第二節。
〔註 13〕《訄書‧序種姓上》，頁 37。
〔註 14〕同前文，頁 9。

溫彥博請置於塞下，曰：「古先哲王有教無類，突厥以命歸我，教以禮法，盡爲農民」；意思是說既奉中國禮教，就可以把它當成漢族了。太炎則駁曰即使突厥的教化與中國相似，但其「部族」仍與中國殊，「凡虜姓，今雖進化，然猶當辨其部族，無令紛揉。」〔註15〕

第二、「乘時僭盜」〔註16〕長期統治中國的異族，決不可能引爲同族；元、清即屬這一類。

第三、章太炎已擺脫了早期國人視歐美爲「戎狄」之心理，認爲他們與中國人雖有膚色黃、白之異，但是「德慧術知」相差不遠，故中國古代稱他們爲「大秦」以示其「同於中國」，與戎狄之邦有所不同。〔註17〕足見他相當看重歐美的文化成就，故認爲可以兼容並包之。

雖然章太炎在撰寫《訄書》時，還很重視歐美文明，〔註18〕認爲其「貴」（即文化水準）與中國同，但堅持文化水準雖同種族卻永不可能溶一，〔註19〕故歐美如入中國「握吾之璽」，〔註20〕則仍逐之——「安論其戎狄與貴種哉，其拒之一矣」。〔註21〕蠻族「握吾璽」當逐，文明的歐美人「握吾璽」亦當逐；前者是章氏排滿之張本，後者是他反帝的思想基礎之一。

## 第二節　排滿觀念之形成

「民族革命」是章太炎一生思想與生活中份量最重的一部份。在這方面，最大的有兩支：第一爲排滿，第二是反帝國主義。茲先述其排滿思想之形成。

章氏自述早年讀蔣氏《東華錄》，即有排滿意志。事實上，即使他這時潛存有反清意識也尙未發露出來，一直到光緒廿六年（1900）左右才決意倒滿。故他對滿清的認同是一步一步疏離的，其排滿意志亦決非平地特起；從光緒二十三年至二十六年（1897～1900）這三年中的文字，可以充份理出這一條脈絡來。

光緒二十三年正月（1897），他在《時務報》上所寫的〈論亞洲宜自爲唇齒〉中，便警告時人不准革命，如果革命，「是自戰鬥吾黃種，而反使白種爲

〔註15〕《訄書·原人》，頁36雙行夾注。
〔註16〕《訄書·序種姓上》，頁38。
〔註17〕《訄書·原人》，頁32。
〔註18〕同註15。
〔註19〕同前引。
〔註20〕同前引。
〔註21〕《訄書·序種姓上》，頁37。

之尸也」。〔註22〕事實上，這時他的種族思想中只有黃、白之分，並將滿洲視為「吾黃種」，故若革命無異是黃種自相殘殺。〔註23〕他盱衡時局，提出：「今亟務曰：以革政挽革命」，主張「禮秀民，聚俊材」，反對「變郊號、柴社稷」。〔註24〕但五個月後所寫的〈變法箴言〉卻不再樂觀，他指出當時行變法的困難，說：

> 既亂易治也，既治易守也，若夫疆蓃未虧，人民未變，鬼神未亡，
> 水土未絪，糟者猶糟，實者猶實，玉者猶玉，血者猶血，酒者猶酒，
> 而文武恬熙，舉事無實……是為大亂之將作，而不得比于大亂之既
> 成，于斯時也，是天地閉、賢人隱之世也。〔註25〕

他認為當時中國雖衰腐但卻未至於亂，故變法不易成功，語氣頗為消極，對五個月前提倡的「革政」顯然不抱希望。他表示：「自今而往，苟有中壽者，當見其變之究矣」，〔註26〕也就是說得等數十年才可能變法成功；但以中國當時的困局而言又怎能等數十年才變法？

　　光緒廿四年（1898）春，他應張之洞之聘赴武昌，因有不滿清廷語，而被張謝歸，途中所作〈艾如張〉、〈董逃歌〉，中有「顧我齊州產，寧能忘禹域」〔註27〕兩句，排滿之意漸露。是年八月，「戊戌政變」失敗，證實了他一年前在〈變法箴言〉中對革政之困難所作的預言；至此，他完全相信「以革政挽

---

〔註22〕請見《章太炎政論選集》，頁 13。

〔註23〕近藤邦康亦指出章氏在《時務報》時期，當變法派極力引進西洋法律制度以期富國強兵時，章氏卻最關心白種人對黃人的壓迫。見氏著〈章炳麟における革命思想的形成〉，載《東洋文化研究所紀要》第二十八冊，頁 213。

〔註24〕同註22。

　　案：當時章太炎還寫道：「吾聞《齊詩》五際之說曰：午亥之際為革命，卯酉之際為革政……。是其為言也，豈特如翼奉、郎顗所推，系一國一姓之興亡而已。大地動溶，全球播覆，內暨中國，覃及鬼方」（〈論學會有大益于黃人亟宜保護〉，《政論選集》，頁 13）。案：沈子培《海日樓札叢》（臺北：河洛出版社，1975 年）卷一「午亥之際」條，釋午亥之際革命云：「……六害為君臣父子悖德之極端則反之，而午亥之際為革命，乃革其悖德之害耳」（頁 35），所謂「六害」，依蕭吉《五行大義》云是「父失其慈，子違其孝，妻不敬順，夫棄和同，外合破衝，以相賊害……」（轉引自《海日樓札叢》，頁 35～36）。章氏引用這一典故極有深意：他認為當時中國猶未至「六害」的地步，故不必行「午亥之際」的「革命」，行卯酉之際的「革政」即可，這是他提出以革政挽革命的張本。又，此處引《齊詩》五際之說，足見章氏此時猶沾染今文家言。

〔註25〕見《章太炎政論選集》，頁 24。

〔註26〕同前引。

〔註27〕《叢書》，頁 769。

革命」是決不可能的了，惟有另尋出路。他首先提出「客帝」說（光緒廿年四月十一日，1899）。他說，中國二百四十多年來事實上是沒有皇帝的；故不如以孔子後裔為中國「共主」，而由異族的滿清「客帝」握實權居行政長官之位（霸府）。〔註28〕接著，他又嘗試鼓吹「分鎮」。他自言這是革政行不通後不得已的手段。其言曰：

> 以不得已，官制不及改，莫若分鎮。〔註29〕

所謂「分鎮」也就是由督撫握實權，而退清帝為方伯。章氏後來痛悔這兩篇文字，認為是對滿清的態度不夠決絕，罪「當棄市」，〔註30〕但其實從深一層看，這兩篇文章中，倒清的意識已漸明朗：既說中國二百四十多年無帝，則等於否定清廷二百四十多年的統治之合法性；進孔子後裔為共主，則意在退清帝；主張督撫分權，是架空清廷；故儘管他文中夾有許多尊清之語，但實際上距全盤倒滿已然不遠。隔年（1900），因「張園國會」之刺激，章氏深感「提挈方夏在新聖」，〔註31〕遂決意擺脫先前所有的牽絆，走向激烈倒滿革命。

## 第三節　提倡光復的理論綱領

　　章太炎何以走向與革命派相當不同的道路──僅主排去滿族（光復），而不願從事更廣泛（如法令、制度）的變革？

　　章太炎認為當時中國之所以不振的原因有三方面：一、社會風俗的窳劣，二、道德衰敗，三、行政之不良；而這三個難題都是因滿族統治所直接造成的──是種族問題，與法令制度無關。故解決所有問題的唯一辦法是排除滿族。

　　章太炎早在光緒二十三年（1897）就認為不同「種族」即有不同的「德性風俗」：

> 教術之變，其始由于種類，均是人也，而修短有異，黃白有別，則德性風俗亦殊，故古者婆羅門種，因族以稱其教，可為左證。〔註32〕

〔註28〕〈客帝論〉，見《政論選集》，頁87。
〔註29〕〈分鎮論〉，同前書，頁104。
〔註30〕見「客帝匡謬」。這是他在《訄書》原刊本上手寫的一條眉校（上海圖書館藏）但重印本《訄書》中已無是句。以上轉引自《政論選集》，頁90。
〔註31〕「分鎮匡謬」，原載《訄書》原刊本，列為第卅一篇，寫於1900年。《訄書》重印本將之列為「前錄」。以上轉引自《政論選集》，頁107。
〔註32〕〈論學會有大益于黃人亟宜保護〉，《政論選集》，頁8。

這個想法是引伸王夫之《黃書》種性為文化基礎的理論而來的，但他此時並未將這個理論用在滿族身上。必需等到他決意倒滿之後，才進一步申明滿族之所以當排去，除因其曾酷烈迫害漢人外；更因其種族與中華異，其特有的習慣與天性亦污染了中國。關於這一點，章太炎的各種文字中一再提到：在〈討滿州檄〉中，他列舉滿人十四罪狀，其中便有「犬羊之性，父子無別。多爾袞以盜嫂為美談…使中夏清嚴之俗掃地無餘」、「使我衣冠禮樂，夷為牛馬」，〔註33〕在為《張蒼水集》所作的〈序〉中，更點出張煌言光復明朝之舉，是「所以存禮樂，絕腥羶，非獨為明氏之宗稷而已。」〔註34〕

　　前面提到章氏將當時中國所有的問題都歸結到種族問題上；關於此點，在此擬進一步申述於下：（一）他認為中國今日道德衰敗，完全是因異種統治所起。因為「道德」必需是在同屬一個民族的範圍中才能發揮的；如非同一民族，道德即無從衍生。在「中夏亡國二百四十年紀念」中，他便引王夫之語以自明其意：

> 王而農有言：民之初生統建，維君義以自制其倫，仁以自愛其類；……
> 今族類之不能自固，而何佗仁義之云云。〔註35〕

依其意：「仁義」是以同一族類為基礎才能發生的，既受異族統治，則「仁義」蕩然無所附著矣。（二）他認為中國當時政治上的困局，主要是因為行政不良，而此一問題的根源，是因滿人「貪叨之習」所造成的；若非滿人當權，即令沿襲舊制亦可應付難局：

> 故滿洲之敝政，非自法令成，自其天性與習慣成。若一日覆滿洲政府，縱令制度粗疏，日不暇給，而貪叨之習，必就廓清，此又無待豫為籌畫者也。〔註36〕

故問題之核心是在於一個久據中國的異族之「習慣」與「天性」，而不是它的「法令」或「制度」。由於滿族低劣習慣與天性作祟，故雖然它從明代那裏接受了一套良好的法令制度，但卻產生一種「所好與所令異」的特殊現象。〔註37〕故解

〔註33〕《叢書》，頁743～744。
〔註34〕〈張蒼水集後序〉，見《章太炎文鈔》（在《當代八大家文鈔》內。臺北：文海出版社，1969年）卷三，頁16。
〔註35〕《叢書》，頁741。
〔註36〕〈滿洲總督侵吞賑款狀〉，《政論選集》，頁424。
〔註37〕章太炎云：「且今所惡于滿洲政府者，非在制度不良，在所好與所令異」，同前文，頁424。在〈自述學術次第〉中太炎曰：「自兩漢以下，制度整齊，莫如明世，清世因循其法」，見《自訂年譜》（臺北：文海出版社）附錄，頁60。

決這一切政治難題的關鍵，都在於是否將滿人剷除，使其習慣與天性不再污染中國。既然一切問題都與種族問題有關，與法令制度全然無涉；故迫不得已惟有解決異種而不是改制立憲，故他對宋恕說：「今中夏欲完彊如東國者……又不可苟效憲政以迎致之……理其本者，當除胡虜自植」，〔註38〕由於有這一思想作基礎，使他對自己所從事的排滿工作之性質，作了如下界定：

> ……以爲革命、光復，名實大異，從俗言之，則曰革命，從吾輩以主觀言之，則曰光復……其爲希臘、意大利之中興則是矣，其爲英法之革命，則有小差矣。〔註39〕

在〈革命道德說〉一文中，他又說，古之所謂革命，是「改正朔、易服色、異官號、變旗識，名不必期于背古，而實不可不務其愜心」，而「吾所謂革命者，非革命也，曰光復也。光復中國之種族也，光復中國之州郡也，光復中國之政權也」。〔註40〕他樂觀地認爲只要光復，一切社會政治上的弊端皆可解決。

「革命」與「光復」的分別在那裡呢？章太炎指出：「革命」乃「同族相代」，但在社會、政治、文化等層面從事變革；「光復」則是因「異族攘竊」，故遂起而驅逐之，〔註41〕且亦僅止於如此而已，故他反對在「光復」之外，從事任何社會政治的更張。這一點在光緒卅三年（1907）的〈復仇是非論〉上說得最清楚：

> 今之種族革命，若人人期於顛覆清廷而止，其後利害存亡悉所不論，吾則頂禮膜拜於斯人矣，而綴學知書之士，才識一名以上，皆汲汲於遠謀，未有不以共和政體國家社會耿介於其心者，余雖踳踔，亦不能不隨俗爲言。〔註42〕

革命後變中國爲「共和政體」是當時最有力的思潮；太炎說自己雖「無常」，也不能不隨俗爲言，但心理卻是完全不願意的。〔註43〕

吾人唯有在理解了章氏的種族與「德性風俗」迹本一體之理論，及他對

---

又曰：「清之亡國，在以軍法處民政，官常計典，視若具文」（同前書，頁61）。

〔註38〕《檢論·對二宋》，見《叢書》，頁622。

〔註39〕1903年7月6日，〈獄中答新聞報〉，見《政論選集》，頁234。

〔註40〕《叢書》，頁795。

〔註41〕〈序革命軍〉，收《章太炎選集》，頁154。

〔註42〕〈復仇是非論〉，《叢書》，頁793。

〔註43〕他又指出即使想作共和政體，其間細碎的典制也非現在所能懸擬。見〈滿洲總督侵吞賑款狀〉，《政論選集》，頁424。

當時中國衰弱原因之診斷（——一切問題皆與種族問題相關連），才能了解何以章太炎解救中國的藍圖與革命派及變法派有如此巨大的差異，而他後來與舊日同志分道揚鑣也是一件不可避免的事。

　　章太炎從事排滿光復的思想綱領是：以國粹激勵種性，增進愛國熱腸。用宗教發起信心，增進國民的道德，而提倡民族主義史學更爲關鍵性工作。茲分論之。

## 一、「以國粹激勵種性」

　　在檢討章氏思想的過程中，可以發現這樣一個問題：他既認爲傳統的經史已不能周於世用，且把中國古代的許多拙陋之面毫不留情的揭露出來，但何以在同一時間內又提倡以國粹激勵種性？而晚年又倡讀經？由他認爲經史不周世用，不能全部引以爲「法」而言，他是個反傳統思想家。但由提倡國粹這一點看，他卻是個保守主義者。從表面看這是「矛盾」，但如透過他的「以國粹激勵種性論」來看便可完全理解。

　　所謂「國粹主義」事實上是一個非常繁複的名詞，指涉範圍極廣。以章太炎而言，他使用「國粹」一詞，顯然沒有格義比附西學的意思，更無復古之企圖，他所謂的「國粹」是從傳統知識中加以選擇保留下來的，諸如小學、歷史、均田、刑名法律等是。其中最爲他所反覆強調的還是小學與歷史二端。他認爲這兩種學問之所以特別值得寶貴，一方面因其乃「中國獨有之學，非共同學」，〔註44〕另一方面，是因爲它們能「衞國性」、「類種族」。太炎說：

　　　　國于天地，必有與立，非獨政教飭治而已，所以衞國性，類種族者，

　　　　惟語言歷史爲亟。〔註45〕

語言歷史之所以可貴，是因二者都是先民長期創造，長期積累下來的，學習它們自然可以培養出一種自覺心——自覺到漢族始終是一個連續體，不可切斷；自覺到漢族在所有種族中的特殊性；並自覺到當今分處各地的漢族人民，在古代皆同出一支，在現代應團結一氣。

　　章氏寫了《新方言》等大量語言研究的文字，它們背後實含濃厚的政治意味。因爲它們論證這樣一個觀念：各地方言，皆有本株，它們都是由中國的古語蛻化繁衍而出的，其根源實際上是一樣的。是故當今散佈中國各地，

---

〔註44〕　張庸，〈章太炎先生答問〉，《政論選集》，頁259。
〔註45〕　〈重刊古韵標準序〉，《叢書》，頁750。

說各種方言的中國人乃系出同源，理應結爲一個不可分割的整體，並對故國之淪陷生惻愴之情。其《新方言・序》曰：

> 讀吾書者，雖身在隴畝，與夫市井販夫，當知今之殊言，不違姬
> 漢……案以臨瞻故國，其惻愴可知矣。〔註46〕

這段話明白點出他所從事的語言學研究與現實政治密切的關聯。

「歷史」又何以能「衞種性」？章太炎曰：

> 且人類所以殊于鳥獸者，惟其能識往事，有過去之念耳，國粹盡亡，
> 不知百年以前事，人與犬馬當何異哉？

> 人無自覺，即爲佗人陵轢，無以自生，民族無自覺，即爲佗民族陵
> 轢，無以自存，然則抨彈國粹者，正使人爲異種役耳。〔註47〕

易言之，歷史可以使人們充份了解自己民族的延續性，當這一延續性被切斷時（即「佗民族陵轢」時），即刻有所自覺。但學習歷史決不是要學著歷史去做，他引釋迦牟尼之言以說明之；其言曰：

> 釋迦氏論民族獨立，先以研求國粹爲主，國粹以歷史爲主，自餘學
> 術皆普通之技，惟國粹則爲特別。譬如人有里籍，與其祖父姓名，
> 佗人不知無害爲明哲，己不知則非至童昏莫屬也。國所以立在民族
> 之自覺心，有是心所以異於動物，余固致命于國粹者。〔註48〕

儘管籍貫故里及祖先姓名對現今毫無用處，但卻足以令人生一種懷念低徊之情，故古代歷史即使不合今世之用，但其激勵種性的效果並不稍減，所以他提倡國粹與反對通經致用並不相矛盾。

在「以國粹激勵種性」的前提下，章氏爲大部份清代漢學考訂工作找到了現實政治上的意義，認爲清代學者的「反古復始」工作與光復運動密相扶會。他說，爲清學開山的顧炎武是以整理國粹保持漢族的自我認同：「顧亭林要想排斥滿洲，卻無兵力，就到各處去訪那古碑古碣傳示后人」，〔註49〕換句話說，就是從文獻學復興中證明中國擁有自己的文學與歷史便有權力掌握民族自主權。而清代漢學家們除爲了「紓死」才「大湊於說經」〔註50〕外，其所從事的考證工作，亦具有現實政治的意義，何嘗是只有文獻考訂的功勞而已：

---

〔註46〕《新方言・序》，《叢書》，頁 194。
〔註47〕〈印度人論國粹〉，《叢書》，頁 848。
〔註48〕同前引。
〔註49〕〈東京留學生歡迎會演說辭〉，《政論選集》，頁 280。
〔註50〕《檢論・清儒》，見《叢書》，頁 561。

> 裂冠毀冕之既久，而得此數公者，追論姬漢之文章，尋繹東夏之成
> 事，乃適見犬羊殊族，非我親昵。〔註51〕

尤其是漢學家所從事的疏釋歷史種姓遷化之跡，更有助於分別「犬」「羊」、激勵種性。故當有人責備中華亡於滿清，是因倡漢學之故時，太炎嚴加批駁，並舉義大利中興爲例，說他們「且以文學復古爲之前導，漢學亦然，其于種族，固有益無損」。〔註52〕

　　當時有兩派人對其「以國粹激勵種性說」構成挑戰：第一派人認爲「國粹」中殘賊作奸之事具在，不可引以爲法。如曰：

> 國粹非一切可以爲法，殘賊作奸之事具在史書國典，誌之無益，徒
> 踐踏人道耳！歐洲諸達者憤政府之禍民，或以遮撥國粹爲事，今其
> 說亦漸及東方，何子之自囿也？〔註53〕

對此辯難，太炎提出了二點回答：第一，他表示我們並不是要全引國粹爲「法」。歷史中確有「殘賊作奸」的部份，我們不是要學它，而是要從其中獲得教訓：

> 國粹誠未必皆是，抑其記載故言，情狀具在，舍是非而徵事蹟，此
> 於人道損益何與？故老聃以禮爲忠信之薄，而周室典章猶殫精以治
> 之……。〔註54〕

老聃既欲放棄「禮」，卻仍細心考校周室典章，也是爲了徵考其事實以汲取教訓，而不是要引以爲法。〔註55〕第二，祖先事跡，即使拙陋，後代子孫對之也是流連感慨，足以激發思慕之情的，〔註56〕故國粹雖「未必皆是」，依然值得回顧。

　　第二種對他威脅極重的挑戰來自於「西學」。彼時因接觸西學而放棄「國文」「國史」者日多；其結果是人人失去了漢族的自覺，使章氏感受到一股重大的壓力。宣統二年（1910）他在〈刊行教育今語雜誌之緣起〉中，憤而表示：

> ……歐學東漸，濟濟多士，悉舍國故而新是趨，一時風尚所及，至
> 欲斥棄國文，芟夷國史，恨軒轅、厲山爲黃人，令己不得變于夷，

---

〔註51〕　〈革命之道德〉，《章太炎選集》，頁295。
〔註52〕　同前引。
〔註53〕　〈印度人論國粹〉，見《叢書》，頁848。
〔註54〕　同前引。
〔註55〕　同前引。
〔註56〕　〈官制索隱〉，《叢書》，頁684。

語有之：「國將亡，本先顛」，其諸今日之謂歟？〔註57〕

他甚至認為當時西方國家最擔心中國人有自覺，故有計劃地支使傳教士鼓吹中國人放棄「國粹」：

> 蓋外人所恭者，莫黃人自覺若，而欲絕其種性，必先廢其國學，是乃危心疾首，寤寐反側以求之者也。始宣教師咻之。猶不見聽，適會遊學西方之士，中其莠言，借科學不如西方之名以為間，謂一切禮俗文史皆可廢，一夫狂舞蹈，萬眾褰裳躡履而效之，今已靡爛不可收拾……。〔註58〕

他強調，歐洲日本的文化中都充滿侵略性，故實不可學，而中國正面臨異族攘據的空前危機，〔註59〕故他歡導時人：

> 吾嘗以為洞通歐語，不如求禹域之殊言，經行大地，不如省九州之風土。搜求外史，不如考邊固之遺文。求之學術，所涉既廣，必撅落無所就，孰若迫在區中為能得其纖悉。求之民德，邦人諸友等是周親，相見道故，發懷舊之蓄念，於以輯和民族，攘疥羯胡，其庸多矣。〔註60〕

希望時人由汲汲求歐西學問的熱潮下轉步移身，回頭求故國文物，「發懷舊之蓄念」，以「輯和民族，攘疥羯胡」，否則「今日國學之無人興起，即將影響于國家之存滅」；〔註61〕所以當西學壓力日愈增大時，太炎執守傳統之心態亦日堅。這時他感受到的問題並不是西學與中學在知識上孰優孰劣、孰是孰非的問題，而是二學的消長與民族主義思想之起敵的關係。故他之維護國粹的用意是相當獨特的。

## 二、建新宗教以立革命道德

宗教是清末民初知識界討論甚盛的一個問題。主之者多欲援宗教以維繫風俗道德。因他們認為歐美之強盛，除了物質因素外，人心風俗之美更是關鍵，而人心風俗之所以美，乃由宗教為之。〔註62〕故若欲挽救中國的風俗道

---

〔註57〕轉引自《章太炎年譜長編》，頁322。
〔註58〕〈清美同盟之利病〉，《政論選集》，頁475。
〔註59〕〈印度人之論國粹〉，《叢書》，頁848。
〔註60〕同前引。
〔註61〕〈國學講習會序〉，轉引自《章太炎年譜長編》，頁216。
〔註62〕如康有為〈以孔教為國教配天議〉，收入《民國經世文編》（臺北：文星書店

德及社會秩序，就必需振興「孔教」。〔註63〕章太炎與「孔教」論者（如康有
爲）一樣，堅持信仰有維繫風俗道德的功用；光緒卅四年（1908），他在〈答
鐵錚〉一文中說：

> 社會相處之間，稍有信仰，猶愈於無執持。〔註64〕

又說：

> 世間道德，率自宗教引生。〔註65〕

但他在此之前兩年卻已先於《民報》八號（1906）上撰〈無神論〉，辯破所有
人格神與非人格神的宗教（前者如基督教，後者如婆羅門教），〔註66〕同時在
《民報》九號寫〈建立宗教論〉（1906），提出建立新宗教的主張。時而張無
神論，時而堅持要有信仰，章氏是否在宗教問題上陷入矛盾？不然！他所要
建立的宗教信仰是很獨特的，這個新宗教不崇拜任何人格神與非人格神的，
它具備三個條件：（1）必需以「自識」爲宗，亦即所謂「依自不依他」，將
一切歸結到自我。（2）須能維繫道德，堅持眾生平等，於人道無所陵藉者。
〔註67〕（3）必須是無神宗教，廢除崇拜，且決不提倡「博愛大同」，亦不標
榜「仁義」。〔註68〕章太炎認爲：符合這三個標準的宗教，是佛教而不是儒
教。但中國的佛教雜有太多迷信及有神論的色彩，故章氏準備將它清洗改
造，以無神的唯識宗取而代之，並十分樂觀地表示這個不崇拜神的宗教將來
必能普及中國。〔註69〕他強調：發揚這個新宗教的目的，是要喚起漢人自覺，
故其信徒必需「自信」、「厚自尊貴」、「依自不依他」，他準備藉著這一新宗教
將所有信徒培養成類似尼采式的超人。〔註70〕

　　章氏提倡此一新宗教自然有其現實意義，他認爲以當時的革命環境而
言，唯有這樣一個新宗教，庶幾能發起志士們的「革命道德」，使他們勇往
無前。他說：

> 排除生死，旁若無人，布衣麻鞋，蹀行獨往，上無政黨猥賤之操，

---

　　　　景印本，1962 年）第四冊，頁 1240。
〔註63〕 〈答鐵錚〉，《叢書》，頁 853。
〔註64〕 〈建立宗教論〉，《章太炎文鈔》卷二，頁 14。
〔註65〕 詳見〈無神論〉，《叢書》，頁 864～869。
〔註66〕 〈建立宗教論〉，《文鈔》卷二，頁 11。
〔註67〕 同前文，頁 5。
〔註68〕 同前文，頁 21。
〔註69〕 同前文，頁 14。
〔註70〕 〈答鐵錚〉，《叢書》，頁 853。

下作懦夫奮矜之氣，以此揭櫫，庶幾於中國前途有益。〔註71〕
近人李澤厚形容章太炎將中國的衰弱歸因於「道德衰亡」。〔註72〕章氏的確認
為清末的中國是「人人不道德」，所以政治變革的工作始終不能成功。依他推
斷，在此情況下惟有具備革命道德者可以獲勝，〔註73〕因此，整個革命事業
的成敗就維繫在行動者道德品質的優劣上。而儒家學說已不足以擔此維繫之
任了。他說：孔夫子道德不算極高，鄭康成的道德能夠感化黃巾，但其及門
弟子郗慮卻害了孔融及伏后。幾位理學先生，「像二程的道德也算可以了，教
出來的學生，有一個邢恕，和蔡京、章惇一黨，名字列在《宋史・奸臣傳》
裏」，〔註74〕「三綱六紀無益于民德秋毫」，〔註75〕故只有另建唯識宗才可以
負起陶冶革命道德之重任，必須要有這種信仰，行動者「才得勇猛無畏，眾
志成城」，〔註76〕才能做到「頭目腦髓，都可施與人」〔註77〕的地步。

當時有許多人對他提倡唯識宗教的用意不了解，責備他不作「民聲」而
作「佛聲」，章氏提醒他們這是增進革命者精神修養的不二法門：

> 《民報》所謂六大主義者，能使其主義自行耶？抑待人而行之耶？
> 待人而行，則怯懦者不足踐此主義；浮華者不足踐此主義；猥賤者
> 不足踐此主義，詐偽者不足踐此主義。以勇猛無畏治怯懦心。以頭
> 陀淨行治浮華心。以惟我獨尊治猥賤心。以力戒誑語治詐偽心，此
> 數者，其佗宗教倫理之言亦能得其一、二，而與震旦習俗相宜者，
> 厥為佛教。〔註78〕

但他所鼓吹的「勇猛無畏」、「頭陀淨行」等「菩薩行」，在當時顯然未能得到
同志的支持。

## 三、「倡民族主義史學」

太炎認為，尊史足以發揚民族主義，認為宣傳排滿光復時，要能以民族

---

〔註71〕同前引。
〔註72〕李澤厚，《中國近代思想史論》（北京：人民出版社，1980年），頁405。
〔註73〕〈革命道德說〉，《叢書》，頁796。
〔註74〕《章太炎的白話文》（臺北：藝文印書館，1972年），頁3～4。
〔註75〕〈答夢庵〉，見《民報》第二十一號「附錄」，頁12。
〔註76〕〈東京留學生歡迎會演說辭〉，《政論選集》，頁274。
〔註77〕同前引。
〔註78〕〈答夢庵〉，《民報》第二十一號「附錄」，頁13。

主義史學作爲理論武器，故說：

> 欲存國性，獨賴史書。〔註79〕

而章氏對排滿革命最大的貢獻，也就在歷史民族主義上。民國三年，當太炎爲袁世凱所拘囚時，他致書袁氏，對自己在這方面的貢獻作了恰當的描述：

> 炳麟……始以歷史民族主義提倡光復……夫惟歷史，民族主義足以爲全國斗杓，故舉兵不爲犯順，推亡不爲篡盜。〔註80〕

在這一件工作上，他遙奉孔子爲其前驅。他說明孔子時代中國因四夷交侵而「失統」，「奕世以後，必有左衽之禍」，「欲存國性，獨賴史書」，〔註81〕故乃修《春秋》：

> 令國性不墮，民自知貴于戎狄。非《春秋》，孰維綱是？……孔子不布《春秋》，前人往，不能語後人，後人亦無以識前，乍被侵略，則相安于輿臺之分。〔註82〕

其實太炎之用以說孔子者，正是用於說自己的處境。他擔心若不傳布民族主義史學，則清季之人亦將「無以識前」，而安於作清廷的奴隸。故上面這段描述孔子作《春秋》之動機的文字，亦正太炎自寫其提倡民族主義史學的動機也。

章太炎民族主義史學的論述，大抵可分爲二部份：一、歷史氏姓學。二、晚明史及清開國史。

《訄書》重印本中，收有大量討論中國氏族源流的文字，這些文字從表面看來只是一批古代氏姓考辨的研究，吾人必需將它們歸到「民族主義史學」的範圍來看，才能理解其眞正用意。本來，氏姓之學亦爲乾嘉考證大師們所重，不過，他們的研究大多基於學術興趣，背後不一定有深刻的民族思想存焉。章太炎則不然，他分別歷史中的氏姓實有深意寓焉：

> 議者欲舉晉衰以來，夷漢之種姓，一切疏通分北之，使無干瀆。愚以爲：界域泰嚴，則視聽變易，而戰鬪之心生。〔註83〕

「界域泰嚴」，「而戰鬪之心生」，是太炎分別歷史中胡漢氏姓的用心之所在。他希望藉著將漢族與胡族從歷史根源上隔離開來，以激發排滿革命的戰鬪力量。

---

〔註79〕《春秋左氏疑義答問》，《叢書》，頁 1019。
〔註80〕許壽裳，〈紀念先師章太炎先生〉，《制言》第二十五期，頁 1。
〔註81〕《春秋左氏疑義答問》，《叢書》，頁 1019。
〔註82〕《國故論衡‧原經》，頁 89。
〔註83〕《訄書‧序種姓下》，頁 58。

　　章太炎很推重〈堯典〉及《世本》，認爲它們是記載中華民族初定型時的氏姓狀態的兩部文獻；它們所發揮的功用是：

> 所以辨章氏族，旁羅爵里，且使椎髻鳥言之族，無敢干紀，以亂大
> 從。〔註84〕

因有《世本》等書清楚記載華夏氏姓的源承，故「椎髻鳥言」之族一則無從僭稱其祖先亦屬華夏，另則無從混亂華夏血統的純粹性。他說〈堯典〉、《世本》所遺留的傳統，一直到漢、魏之時，大抵還保存下來；自拓跋漢化後乃面臨空前轉變：

> 拓跋氏始變戎姓，以從漢氏。唐世諸歸化人，或錫之皇族，以爲殊寵。
> 明太祖興，令北虜割裂姓氏與漢符合，則統系樊然棼亂矣。〔註85〕

又說：

> 至明太祖以行氣致南面，李善長、宋濂、王禕竝起自蒿萊，不覩金
> 匱，古學廢耗，而姓氏失其律度。〔註86〕

要之，太炎把歷史上對種族溶合有功的帝王，一概視爲「殽亂種姓之別」的罪人。因他們使得「胡之血液」、「與漢民比肩」。〔註87〕爲此，太炎特擬一挽起之方：

> 要之，無曠譜官，使流別昭彰，諸夷漢部族，其物色故不相混者，
> 董理則易也。〔註88〕

希望重新整理氏姓譜牒，分別胡漢。若胡人血液已混入漢人太久，他亦主追索到底：

> 相混者，雖微昧不可察，或白屋無乘載，宜諏其遷徙所自，遞蹤迹
> 之，以得其郡望，必秩然無所遁。虜姓則得與至九命，而不與握圖
> 籍，以示蓺極，國之本榦，所以胙胤百世而不易矣。〔註89〕

氏姓源流分別清楚之後，凡具胡人血統者不得「與握圖籍」；且其中待遇亦有分別：

> 巴賨竇蠻弔詭之族，或分於楚越……，宜稍優遊之，爲定等差，勿

〔註84〕《訄書‧序種姓上》，頁39。
〔註85〕同前註。
〔註86〕《訄書‧序種姓下》，頁58。
〔註87〕同前引。
〔註88〕同前引。
〔註89〕同前引。

使自外。〔註90〕

巴僰賨等西南少數民族，有部份是楚、越的分支，故「宜稍優遊之」不可全然視同異族。至於滿洲及新徙塞內的諸蒙古族，其民貪鄙，寇虐中國，〔註91〕則要效法日本之對待蝦夷族的嚴厲手段：

> 有聖王作攘斥之乎，攘斥而不殫，流蔡無土。〔註92〕

辨明歷史中胡漢氏姓的分別，原屬文獻考證上的工作，太炎卻賦予全然不同的意義。他認為：在中國古代學者中劉知幾、顧炎武等是此學的翹楚，尤以顧炎武最為所欽慕：

> 顧炎武遭東胡亂華，獨發憤欲綜理前典，為姓氏書，未就。〔註93〕

並自稱其工作是步趨顧氏的：

> 余於顧君，未能執鞭也。亦欲因其凡目，第次種別。〔註94〕

不過，這個工作實際上是極困難的，康有為曾在〈與南北美洲諸華商書〉中對這類工作提出質疑道：

> 氏、羌、鮮卑等族，以至元魏所改九十六姓……今皆與中夏相雜，
> 恐無從檢閱姓譜而攘除之。〔註95〕

對於這個挑戰，太炎實未予正面回答，〔註96〕也正因此一工作有其實際上的困難，故在這方面太炎一直未曾有成體系的著述。

考索晚明史迹及暴露清建國時卑鄙的實況，是章太炎「民族主義史學」的重點工作。章太炎與鄧實、黃節等《國粹學報》的健將俱曾發願治晚明史。鄧、黃二人主要是搜集清廷禁燬的史料加以刊發，而太炎則頗有志於系統的論述。在〈南疆逸史序〉中，他說：

> 余昔蒐集季明事狀，欲作後明史，以繼萬氏。〔註97〕

不過，他只完成一些單篇論文；如〈書呂用晦事〉、〈記永曆帝後裔〉、〈記袁督師家系〉（皆載《華國月刊》）……等。關於清建國實況，章太炎於民國十

---

〔註90〕 同前引。
〔註91〕 同前書，頁58～59。
〔註92〕 同前引。
〔註93〕 《訄書‧序種姓上》，頁40。
〔註94〕 同前引。
〔註95〕 見蔣貴麟主編《康南海先生遺著彙刊》（臺北：宏業出版社，1976年）第十六冊，頁84。
〔註96〕 見〈駁康有為論革命書〉，《叢書》，頁732～739。
〔註97〕 見《叢書》，頁749。

三年作《清建國別記》一書，〔註98〕此書流傳極稀，遍尋未獲，不得寓目，
故本節主要依據近人袁英光的考述寫成。

清建國後，對早期史料極力掩飾。章太炎於《清建國別記·序》上說：

> 努兒哈赤起側微，史官載之，其辭多不誠。〔註99〕

而明代書籍中凡關涉建州者，又「遭乾隆焚書悉燼。其錄于《四庫》者，點
竄之餘也」。〔註100〕清廷這樣做是爲了遮掩其卑微之出身，及早先對明的臣屬
關係，把自己裝飾成天生的統治者；而章太炎亦集中在這幾點上揭破其眞相；
他是從四個方面加以辯破的：

第一、清太宗給明將祖大壽的信中說：「爾明主非宋之苗裔，朕亦非金之
孫」，諱言自己是金之后裔。這是因滿人擔心漢族對「宋金和議」之舊事，猶
有餘痛在心之故，所以自稱其祖先是「朱果感生」，太炎則歷歷徵引了各種史
料證明滿人即金源之后裔。〔註101〕

第二、辨明「滿洲」一名的來源。過去有人依《禮記·王制》的《正義》
中所引的〈東夷傳〉，以爲滿人自古即爲中國附近「九夷」之一的「滿飾」。
太炎說：其實「滿洲」是由西藏喇嘛給清主的寵稱：「曼殊師利大皇帝」中的
「曼殊師利」四字轉來的，原意是「妙吉祥」，而清人遂取以號其族。〔註102〕
太炎譏之曰：

> 以是知滿洲非其故名，顧番僧之所寵錫耳。……而建夷失其義旨，
>
> 載其荒誕，遂以爲正稱……。〔註103〕

第三、申明滿人原是爲明「忠順看邊」之臣，原是接受明廷封職的邊官，
卻頻頻「猾夏」。他說：

> 〔滿人〕以居地近，則窺邊易，其種人或入爲漢官，習識內情，易于
>
> 覃伺，是以終明之世，建州頻爲寇盜、猾夏滔天而莫之御也。〔註104〕

也就坐實了滿人篡亂之罪。

第四、揭露努兒哈赤竄起之內幕。太炎指出：明代對北邊諸部族，一向

〔註98〕《章太炎年譜長編》，頁781。

〔註99〕章太炎《清建國別記》，頁1，轉引自袁英光〈章太炎與《清建國別記》〉，《歷
史論叢》1982年，第一期，頁259。

〔註100〕同前引。

〔註101〕同前文，頁263。

〔註102〕同前文，頁266。

〔註103〕《清建國別記》，頁4，轉引自前文，頁266。

〔註104〕同前文，頁268。

採分而治之，維持諸部間的均勢。後來李成梁成功地削除了數個女眞部族，但卻也打破了均勢，替努兒哈赤消除了對手，努兒哈赤就在這一基礎上壯大，清之能取得天下也，是「一任權譎」之故。太炎曰：

> 觀努兒哈赤于明，一任權譎非徒恃力也。始以小忠致幸愛，所乞請者無不與。……后稍撟虔，猶時時忍詬；與句踐，阿犖山絕相似。
> 〔註105〕

> （努兒哈赤）以梟雄之恣，晏然乘諸部虛耗，蠶食以盡……則是成梁之功，適爲建州驅除也。〔註106〕

太炎用這個證據，一則說明「建夷狡險」〔註107〕之天性，一則揭破滿人篡得漢土之眞象。

《清建國別記》訛誤不少，金毓黻嘗加指出，〔註108〕清史名家孟森亦嘗在〈書名史鈔略〉中，批評太炎治史「武斷」；〔註109〕但吾人亦不能不承認：該書對開啓清開國史研究風氣，是有篳路藍縷之功的。關於這一點，金毓黻在《中國史學史》中有允當的敘述：

> 近人考清初事，多屬日本學者，以乙國人談甲國事，猶多皮相之論，影響之談，章太炎先生始撰《清建國別記》……。〔註110〕

除了開清初史事研究之風外，尤爲重要的是該書爲章氏自己的民族主義史學主張提供了一個範例。〔註111〕

---

〔註105〕《清建國別記》，頁36，轉引自前文，頁281。
〔註106〕同前註。
〔註107〕《清建國別記》，頁37，轉引自前文，頁37。
〔註108〕金毓黻，《東北文獻零拾》卷五，轉引自前文，頁273。
〔註109〕轉引自楊向奎〈論章太炎的哲學思想〉，收《歷史論叢》1982年，第一期，頁232。
〔註110〕金毓黻《中國史學史》（臺北：商務印書館，1972年），頁161。
〔註111〕《清建國別記》何以不作於清末與滿清對抗之時，而作於民國既建之後？案：太炎之得以完成《清建國別記》，實因資料上意外的收穫之故。民國13年，《華國月刊》二期二冊、三冊，載有〈與吳承仕論滿洲舊事書〉八通。第一通係該年五月所發。謂：
> 鄙人近得明代官書及編年書數種，乃知滿洲舊事，《清實錄》及《開國方略》等載愛新覺羅譜系，其實疏漏奪失，自不知其祖之事。《明史》于此，亦頗諱之，乃筆其事，爲《清建國別記》一篇。（《華國月刊》二期二冊，頁1）
信中所說：「近得明代官書及編年書數種」實爲太炎發意撰寫此書之關鍵。太炎究竟訪得何書？信中亦未明言。今案中央圖書館特藏善本之《使職文獻通

## 第四節　反帝國主義

　　近人討論章太炎，每每爭論他是否僅只於是一個狹隘的部族主義者，只注意到排滿，而未關心到當時進行得如火如荼的帝國主義擴張運動。這裏擬分兩部份對這個問題作一討論：（一）章太炎對帝國主義本質之分析。（二）從反白人到反帝。

### 一、對帝國主義的本質之分析

　　章太炎對於帝國主義的行為本質，有很深刻精銳的洞察。他發現帝國主義者用許多的語詞掩飾或美化他們的侵略行為，其中最重要的是無所不在的「責任感」——將所有侵略的行為皆當成是改善落後國家，使他們邁向「文明」，並得到「宗教福音」的一項情不可卻的責任。依太炎之意：由帝國主義者光明偉大的責任感與服務熱忱，到他們的侵略與剝削，只是一線之隔耳。他說：

　　（一）帝國主義者把落後國家的人民設想成全無快樂可言，故假「眾樂」之名侵入其國；其言曰：

　　　　驕揰淫縱，皆自眾樂之念生……今假眾樂之言，以文飾其帝國主義，是猶借兼士之名，以文飾其兼併主義；墨、孟有知，必縈以朱絲，攻以雷鼓無疑也。〔註112〕

　　（二）以「競爭」為激勵人類智力進步之妙法，善意的君臨智力落後的民族，以「幫助」他們磨厲腦力，進躋文明之境；但章太炎說：「與其如此，寧絕聖棄知，而不可鄰傷也」；其言曰：

---

編》（原收藏者為張溥泉）扉頁章太炎之「識語」云：
　　《使職文獻通編》二十二卷，正編記行人司故事，外編述四裔事狀，《明史·藝文志·史部地理類》有嚴從簡《殊域周咨錄》二十四卷，獨此書闕焉，故清抽燬亦不及，世亦無知是書。溥泉於浙中坊肆得之，以為甚奇。余因摭其外編女真部，參之他書，為《清建國別記》……（無頁碼）
此段識語末署「民國13年夏」，則是該年五月發信給吳承仕開始討論滿洲舊事之前不久。信中云：「近得明代官書及編年書數種」，所稱官書即《使職文獻通編》。由「識語」中的「余因摭其（指《通編》）外編女真部，參之他書，為《清建國別記》」，則更知獲此逸籍乃撰《清建國別記》之關鍵。此所以該書未能撰於排滿革命如火如荼之際，反撰於民國既建十幾年後之故也。
　　又按：《使職文獻通編》對滿人記載殊不客氣。如卷十二，頁三 b 有云：「此等之人，狼子野心，中難測度」，即是一例。
〔註112〕《齊物論釋》，《叢書》，頁 368。

或云物相競爭智力乃進……物有自量，豈須增益，故寧絕聖棄知而
不可鄰傷也。向令〈齊物〉一篇，方行海表，縱無滅於攻佔，與人
之所不與，必不得藉爲口實，以收淫名明矣。王輔嗣《易》說曰，
以文明之極而觀至穢之物，睽之甚矣……？〔註113〕

（三）西方人宣稱將以其「文」化東方之「野」，故光明正大進行侵略；
太炎曰：

文野之見，尤不易除。夫滅國者假是爲名，此是檮杌窮寄之志爾。
〔註114〕

外辭蠶食之名，而方寄言高義，若云使彼野人獲與文化，斯則文野
不齊之見，爲桀跖之嚆矢明矣……世無秦政，不能燔滅其書，斯仁
者所以潛然流涕也。〔註115〕

（四）假借傳播宗教「福音」之名侵略東方；其言曰：

墨子雖有禁攻之義，及言天意明鬼，違之者則分當夷滅而不辭，斯
固景教天方之所馳驟……蓋借宗教以夷人國。……今之伐國取邑
者，所在皆是，以彼大儒，尚復蒙其眩惑……。〔註116〕

而上述藉口，都是用來掩飾一個目的──「謀利」。章太炎認爲帝國主義者聯
合中國的買辦階級侵略中國；說：

今者歐洲白種之滅國也，則先之以謀利之心，而後行其殺人之事。
〔註117〕

他已充份覺察出這個壓力，故在〈總同盟罷工序〉一文中指斥當時上海的洋
買辦曰：

心意絜量，不過十年，中人以下，不入工場被捶楚，乃轉徙爲乞丐，
而富者愈與晳人相結以陵同類，驗之上海，其儀象可睹也。〔註118〕

章太炎又認爲，即使歐羅巴人眞正是以光明正大，完全合乎倫理原則的姿態
出現在落後國家，亦應充份小心；因爲他們的倫理內含侵略性：

若歐羅巴之倫理則旃陀羅（案：指屠伯）與蔑戾車（案：指野人）

〔註113〕同前引。
〔註114〕同前引。
〔註115〕同前引。
〔註116〕〈復仇是非論〉，《叢書》，頁793。
〔註117〕見《章太炎政論選集》，頁378。
〔註118〕〈送印度鉢邏罕保什二君序〉，《叢書》，頁844。

之倫理耳。〔註119〕

他認為：衡情而論，帝國主義之為禍是遠過於滿人的；故排帝國主義理應比
排滿為先務：

> 今之強種，孰如白人，今之主權，孰如獨逸帝，苟取無限之名以為
> 旌幟，則中國之事猶在後，而所欲先攻者，乃在佗矣。〔註120〕

> 強種之白人，非不當為黑人、赤人驅之也，王權之獨逸帝，非不當
> 為世界先民廢之也。〔註121〕

排帝亦是「圓滿民族主義」的一個急要任務，故章太炎說：「欲圓滿民族主義
者，則當推我赤心，救彼同病，令得處於完全獨立之地」。〔註122〕

## 二、從反白人到反帝

　　前面說過，章太炎對帝國主義的本質有極深刻的了解並積極反帝；可是，
他早年的種族思想中只有黃、白之分，故把帝國主義與白人視為同義詞，直
到光緒卅三年（1907）左右，才憬然發覺黃種人中也有帝國主義者，故不應
只以黃、白種人劃分敵我，而應以被殖民及殖民者來判分。這裏擬探討這個
變化的過程。

　　章太炎解釋世界上之所以有黃人、白人之分及黃、白強弱之因，曰：

> ……故自唐堯海烏拉嶺為戎索，以絕亞歐，以區黃人、白人。然而
> 天地之運，無四千年無亢龍絕氣，故放于東海，放于西海，其不能
> 不相通者，期會然也。夫通則合病也，地體華離，犬牙相錯，其本
> 氏於歐洲，其標末于亞洲，於是乎震旦病。〔註123〕

他認為黃人之所以衰是因白人的來到。由他在光緒廿三年（1897）所寫的〈論
學會有大益於黃種〉、〈論亞洲宜自為唇齒〉二文，可充份看出其強烈的黃種自
覺意識及亞洲自覺意識，希望以中、日二國提携合作來保護亞洲黃種人免受白
人帝國主義的侵略。〈論亞洲宜自為唇齒〉一文中，便充份透露出這個構想：

> 為今之計，既修內政，莫若外暱日本，以御俄羅斯，兩國斥侯……

---

〔註119〕〈復仇是非論〉，《叢書》，頁794。
〔註120〕同前引。
〔註121〕〈五無論〉，《叢書》，頁885～886。
〔註122〕〈論亞洲宜自為唇齒〉，《政論選集》，頁5。
〔註123〕同前文，頁6。

　　　　無相負棄，庶黃人有援，而亞洲可以無蹶。〔註124〕

又說：

　　　　然以赤縣之地，近在肘腋，可以相倚依者，闔亞洲維日本。〔註125〕

但後來，章氏漸漸發現日本也是帝國主義者，這個改變發生在光緒卅三年
（1907）。這一年他參加印度革命志士在東京舉行的「西婆耆紀念會」，大隈
重信發表演說，極力勸阻印度人起來反抗英皇，說：「英皇撫印度，至仁博
愛……而勗印度人以改良社會，勿怨他人，勿謀暴動」，〔註126〕章太炎發覺大
隈這番話是基於英日同盟的利害關係而說的，從此他擺脫過去中日提携之類
的舊觀念，認識非獨白種人爲帝國主義者，原來黃種的日本人也是帝國主義
者，並開始譴責日本助英侵印和對朝鮮及遼東半島人民的壓迫爲「撓亂（亞
洲）大勢，引白人以侮同類者」。〔註127〕

　　章太炎不僅只希望中國人能成功地反抗帝國主義，更希望全亞洲及全世
界都能起而反帝。他說：

　　　　且以爲民族主義非專爲漢族而已，越南、印度、緬甸、馬來之屬，

　　　　亦當推己及之。〔註128〕

他隱隱然希望以中國爲全亞洲反帝之基地（故擔心「滅清以往，非有建設之
方，則此志（案：指排帝國主義）亦不可達」〔註129〕），他爲全世界反帝運動
所擬的程序是這樣的：

　　　　獨立其先也，均平生分其稍次也，玄同彼是、泯絕政法其最後也。

　　　　求大同於百年以後，而不爲旦莫計者，斯則爲不知務耳。〔註130〕

太炎很樂觀的表示不久之後必能將美國在太平洋的殖民勢力驅逐淨盡。〔註131〕
其計劃中第一個實際行動是幫助印度獨立，然後由中印聯盟擔負起消弭全世界
帝國主義的責任。章太炎認爲印度的國民性「愷悌子諒」，〔註132〕慈悲平等而

---

〔註124〕同前文，頁5。
〔註125〕〈記西婆耆王紀念會事〉，《叢書》，頁842。
〔註126〕〈印度人之觀日本〉，《叢書》，頁847。
〔註127〕〈復仇是非論〉，《叢書》，頁793。
〔註128〕同前引。
〔註129〕〈印度人之論國粹〉，《叢書》，頁848。
〔註130〕〈駁革命駁議〉，《政論選集》，頁228。
〔註131〕同註130。
〔註132〕〈送印度鉢邏罕保什二君序〉，《章太炎文鈔》（收在《當代八家文鈔》）卷三，
　　　　頁20。

不侵暴他國，〔註133〕「其俗蓋事事可爲師法」，而中國過去雖曾略地，但待征服之民「猶不失人道，未有如歐羅巴人之戾者」；〔註134〕故他希望中印「二國扶將而起，在使百姓得職，無以蹂躪他國，相殺毀傷爲可」，並以此爲楷模，感召西方「帝國主義之群盜，厚自懺悔，亦寬假其屬地，赤、黑諸族一切以等夷相視之」。〔註135〕

　　光緒卅年（1904）印度人民因反對孟加拉省的分割而爆發了抗英風潮，許多僑居國外的愛國之士亦起而響應，太炎是於光緒卅二年（1906）以後，在日本接觸到這批印度志士的。據近人丁則良研究，他所接觸的大概都是印度國民大會中人，而且很可能都與提拉克（B. G. Tilak）領導下的「極端派」有關。〔註136〕章太炎除了在《民報》上刊登印度反英抗爭的翻譯及評論性文字外，〔註137〕並親自寫了〈印度中興之望〉、〈印度獨立方法〉等文章以鼓吹之。

　　此外，太炎並於同時（1907）與一群亞洲反殖民志士（包括印度、越南、緬甸、菲律賓、朝鮮等國）共同建立「亞洲和親會」，〔註138〕作爲反帝國主義的機關。由該會之「約章」可以充份看出其精神：

　　　……仆等鑒是，則建「亞洲和親會」，以反對帝國主義而自保其邦
　　　族。……集庶姓之宗盟，修調絕之舊好，用振我婆羅門、喬達摩、
　　　孔、老諸教，務爲慈悲惻怛，以排擯西方旃陀羅之偏道德。令阿黎
　　　耶之稱，不奪於晢種，無分別之學，不屈於有形。〔註139〕

「約章」中又特別強調：「本會宗旨，在反抗帝國主義，期使亞洲已失主權之民族，各得獨立」、「凡亞洲人，除主張侵略主義者，無論民族主義，共和主義，社會主義，無政府主義，皆得入會」。〔註140〕而且由這個會無會長、幹事之職，〔註141〕可以看出他們極度講求平權原則。這個會一直到光緒卅四年

〔註133〕同前引。
〔註134〕同前引。
〔註135〕同前引。
〔註136〕見丁則良，〈章炳麟與印度民族解放戰爭〉，《歷史研究》1957 年，第 1 期，頁 36。
〔註137〕如《民報》廿一號的〈印度國民討英吉利露布〉。
〔註138〕中國方面的參加者有張繼、劉師培、何震、蘇曼殊、陳獨秀、呂劍秋、羅象陶等數十餘人。請見《章太炎年譜長編》，頁 244。
〔註139〕〈亞洲和親會規章〉，見《章太炎選集》，頁 429。
〔註140〕同前文，頁 432。
〔註141〕同前文，頁 431。

（1908）還有活動，但儘管和親會「義務」條上規定：

> 亞洲各國，若一國有革命事，餘國同會者應互相協助，不論直接間
> 接，總以功能所及為限。

> 凡會員均須捐棄前嫌，不時通信。〔註142〕

不過，在現實上，它是無法、也不曾發揮任何作用的。

　　章太炎的另一實際行動是以文字廣泛呼應亞洲各國的反帝國主義行動。像〈頂羯羅君頌〉，便是歌頌宣統元年（1909）於印度刺死英國的印度事務大臣之侍從武官韋利（Sir William Curson-Wyllie）的頂羯羅（按：原名 M. L. Phingla）。〔註143〕〈安君頌〉及以反面手法所寫的〈弔伊藤博文賦〉，則是頌美刺殺伊藤的朝鮮志士安重根。〔註144〕以章氏當時的能力，也只能透過文字討伐帝國主義者而已。

　　在理論層次上，章太炎提出「齊物論」來抵抗帝國主義者的意識型態。前面說過，章氏認為帝國主義自居為文明國，表面上以野蠻國家的保護者及服務者自居，而實際上卻行侵略之實。章氏早年用「文野論」來排滿，但現在啓用取消文、野之分的「齊物論」來攻擊帝國主義，主要是因文野之分落到帝國主義者手中已成「桀跖之嚆矢」：

> 原夫齊物之用……世情不齊，文野尚異，亦各安其貫……然志存兼
> 併者，外辭蠶食之名，而方寄言高義。若云使彼野人獲與文化，斯
> 則文野不齊之見，為桀跖之嚆矢明矣。〔註145〕

故帝國主義者的「使彼野人獲與文化」之口號，全屬不根之談。他認為人類的是非、嗜好，本就不必求其「同」、「齊」，故帝國主義者之「以彼之所感，責我之亦然」，強行改造落後國家使他們變得和自己一模一樣，也是愚不可及的想法：

> 豈況仁義之端，是非之塗，而能有定齊哉？……必謂塵性自然，物
> 感同爾，則為一偏之論，非復齊物之談，若轉以彼之所感，而責我
> 之亦然，此亦曲士之見。……若夫至人者……即無歧相見覺，無有

---

〔註142〕同前文，頁 430～431。
〔註143〕丁則良，〈章炳麟與印度民族解放戰爭〉，《歷史研究》1957 年，第 1 期，頁
　　　　39。章氏對頂羯羅之頌美請見《叢書》，頁 765～766。
〔註144〕《叢書》，頁 766～767。
〔註145〕《齊物論釋》，《叢書》三六八。

　　風雷寒熱，尚何侵害之有？〔註146〕

由這一駁議，可以看出：太炎對西方帝國主義者對落後民族所懷抱的無限「責任感」所產生的無限禍害觀察之深刻。但也由這一駁議，我們可以充份看出：章太炎親見帝國主義加予中國的覆壓，而內心卻充滿著無力感；他是深深了解中國不可能一蹴而躋與西人對抗的，故只能要求「文」「野」之國各隨其自然，各有其標準，不必強人所難。這些論點，處處顯示其內心無比沉痛又無可奈何之抗議。

　　綜而言之：章氏在反帝方面除了思想的提倡外，在實際行動上並未能有所成就。但他喚起民族大義，號召國人起來驅逐滿清，並為之建立強固的理論基礎，使「稱兵不為犯順」，〔註147〕此事在今人看來甚為平淡，但在清末實屬石破天驚之大手筆。以〈駁康有為論革命書〉為例，馮自由就做了公允的評價：

> （駁康有為書）出版不久，與《革命軍》同受社會熱烈之歡迎。鄒
> （容）著文字淺顯，利於華僑；章書下筆高古，利於士紳，同為革
> 命時代最有價值之著作。〔註148〕

甚至可以說：「在同盟會成立前後，革命派在民族問題上與保皇派的論戰，則其理論以章（太炎）書紮定陣腳」。〔註149〕宣傳排滿的《黃帝魂》亦將《訄書》的「序種性」列為「近十年來新聞雜誌及各種能撰之精魂」之一，〔註150〕指出它在清末發揮了巨大的影響力。魯迅亦說章氏在《民報》時期宣傳排滿復仇及與保皇派論爭的文字，更是「所向披靡，令人神旺」。〔註151〕章氏在民族主義方面的貢獻，信可垂諸青史而永不磨滅。

---

〔註146〕同前書，頁370。

〔註147〕同註80。

〔註148〕馮自由《中華民國開國前革命史》（臺北：世界書局，1971年），頁134。

〔註149〕借用王德昭語，見氏著〈同盟會時期孫中山革命思想的分析研究〉，收入《中華民國開國五十年文獻》（臺北：開國五十年文獻編纂委員會，1963年）第一編，第十一冊，頁113。

〔註150〕《黃帝魂·例言》，轉引自前引文，頁100。

〔註151〕魯迅，〈關於太炎先生二、三事〉，收在《且介亭雜文集末編》（上海：人民文學出版社，1981年），頁546。

# 第五章　社會政治思想

　　章太炎的社會政治思想曾歷經多次重大的變遷，但在變動之中卻有一個不變的目標，也就是希望找出一套與西方議會政治有所不同的自由平等制度。在追求這個理想的過程中，他對進化論展開批判，以唯識學爲主幹建立「五無」「四惑」思想（此思想大約完成於光緒卅二年），並反對西方式的代議、立憲、政黨政治（此一思想大約也在光緒卅二年形成，宣揚的文字則大量出現於光緒卅三年），從光緒卅四年（1908）以迄宣統二年（1910）間，他逐漸發展成齊物思想，找到了他心目中認爲最適合中國的社會政治型式。在「齊物」的世界裏，自由平等仍是終極的目標，但卻非以議會立憲爲骨幹，而是以法吏爲其支柱，可說是章氏社會政治思想的最後定論。

## 第一節　俱分進化論

　　章太炎開始從純知識層面上與西學爭衡是在他獲得佛學之支援、掌握了這一套完密的思想武器後。無可諱言的，上海監獄三年的生涯，是章氏一生思想最重大的轉捩點。在這三年中，他最常思考的，必定是進化論及西方宗教的問題，故甫出獄赴東京不久便寫下三篇批判西方文化的關鍵性文字——〈俱分進化論〉、〈無神論〉、〈建立宗教論〉。〔註1〕這裏僅舉俱分進化論爲例

〔註 1〕　案：章氏於光緒卅二年六月初五抵日，是年九月五日出版的《民報》即刊〈俱分進化論〉，十月刊〈無神論〉，十一月刊〈建立宗教論〉；由成稿如是之速可知這三篇文章爲長期醞釀所得。「俱分」一詞取自佛家。案：《勝宗十句義》中第九即「俱分」，關於「俱分」之解釋，請見湯用彤〈勝宗十句義論解說〉（收在《往日雜稿》，臺北盧山出版社 1978 年影本《玄學·文化·佛教》，頁256～257）。又可參熊十力《佛家名相通釋》，卷上，頁 84。原意極繁，章氏

加以討論。

進化論是章氏早年最爲傾折，也是當時中國勢力最大的西方思想，故章氏批判它自然有里程碑式的意義。章太炎從三個論點來批判嚴復所介紹的進化論：第一、善惡俱進，第二、所謂「進」乃是迷妄，第三、進化論不是自然規則。今分述之。

第一：苦樂是否俱進的問題，在嚴復譯《天演論》中已經提出。赫胥黎〈演變〉篇曰：「善固演也，惡亦未嘗非演」，﹝註2﹞「夫生人所歷之程，苦樂亦相半耳」；﹝註3﹞但嚴復是支持斯賓塞而否定赫胥黎的，他說斯氏所建立的「民群任天演之自然，則必日進善，不日趨惡，而郅治必有時而臻者」之理論，「殆難破矣！」，﹝註4﹞並在按語中說：通觀赫胥黎前後十七篇文中，〈演變〉篇爲「最下」。﹝註5﹞關於進化是「必日進善」或「善惡皆演」這一點上，嚴復是完全反對赫胥黎的善惡皆演之說。由章太炎的各種文字中，可以充分看出他必定讀過《天演論》，吾人頗懷疑他是讀了赫胥黎的「惡亦未嘗非演」才作〈俱分進化論〉的。關於這一點目前尚無資料可以證實，但不管章氏撰寫〈俱分進化論〉之因緣是否在此，他著手進行建構其「俱分進化」思想主要是以唯識學的人性論爲基礎。

唯識學認爲人性中有善、惡、無記三種子，而不是只一善種子，或只一惡種子，﹝註6﹞章太炎繼承了這個理論，認爲在進化的過程中，人的善、惡種子雜揉而進，故決非單線進躋至善。他又在「善」「惡」之中，分「俱生之善惡」及「后得之善惡」二種；人與他物俱生之善惡，大抵不殊，而后得之善惡，實較他物爲甚，而所謂后得之善惡，實即決定在後天的演化上，故愈進化，則后得之「善」與「惡」的程度就愈大，因此，太炎提出善進化，惡亦進化之論。考章太炎論人性時說：

> 善惡何以並進，一者由熏習性。生物本性無善無惡，而其作用，可以爲善爲惡。是故，阿賴耶識惟是無覆無記（無記者，即無善無惡

---

　　似對這一名詞作了較簡畧的解釋，只取苦樂亦俱亦分之意。

﹝註 2﹞ 嚴復，《天演論》（臺北：商務印書館，1977 年），頁 43。

﹝註 3﹞ 同前書，頁 42。

﹝註 4﹞ 同前書，頁 44。

﹝註 5﹞ 同前引。

﹝註 6﹞ 關於善、惡、無記種子之討論請見熊十力《佛家名相通釋》（臺北：廣文書局，1974 年）卷上，頁 49。

之謂），其末那識惟是有覆無記，至於意識而始兼有善惡無記，純無
記者名爲本有種子，襍善惡者名爲始起種子，一切生物，無不從於
進化之法而行，故必不能限於無記，而必有善惡種子與之雜操，不
雜操者，惟最初之阿米巴爾。自爾以來，由有覆故，種種善惡漸見
漸行⋯⋯種子不能有善而無惡，故見行亦不能有善而無惡，生物之
程度愈進，而爲善爲惡之力，亦因以愈進。〔註7〕

所有行爲都有善、惡、無記三種子參與作用。他在〈與人書〉上又說：

人與他物俱生善惡，大體不殊，而后得者實較他物爲甚。吾固非欲
爲虎豹理冤，以貶抑人類。故于知識進化之下，立善惡進化兩品，
非謂其惟進于惡。〔註8〕

易言之，即知識進化可以擴充「善」，也可擴充「惡」。太炎並表示，人與獸
類之不同，主要在於人有「知識進化」可以擴充，故無論善或惡皆較獸類厲
害。舉「善」而言：

僕謂惻隱之心，獸類亦未嘗絕，特其界較人爲小⋯⋯固云：動物
「亦有父子兄弟之愛，顧其愛不能持久，又不知擴充其愛」，而人能
擴充之。其不能擴張者，由其智識未進，故善亦未進也。其能擴張
者，由其智識已進，故善亦俱進也⋯⋯而人類又有道德法律諸說，
以維持其後，習俗既成，相牽以教人爲恥。〔註9〕

反過來說，「惡」亦因智識愈進而隨之擴充：

而僕之言善惡也，固舉其現行善惡爲言，非舉其善惡種子爲言。彼
現行之惡，既不能與人同等，則謂虎豹之殘暴，不逮吾人遠矣。且
其暴力相等，「交接不常」者，由其知識未進，不能於爪牙之外成兵
器，不能於破蟄之時起欲望耳。若是，則知識未進者，其惡所以未
進，反之而知識進化者，則惡亦借此知識以進化。〔註10〕

因爲人同時兼有「善」、「惡」、「無記」三性，故「其所好者，不能有善而無
惡，故其所行，亦不能有善而無惡」，〔註11〕這「善」、「惡」種子是亦俱亦分，
如影隨形同時並進的，故自然形成善惡俱進。

---

〔註7〕〈俱分進化論〉，《叢書》，頁861。
〔註8〕〈與人書〉，《章太炎選集》，頁425。案此文是爲反駁藍公武而作。
〔註9〕同前文，頁422。
〔註10〕同前文，頁421。
〔註11〕同註7。

　　這裏連帶出現一個問題：如果沒有知識進化可以擴充善、惡，則其「善」的分兩雖不多，但「惡」亦不厲害，因此野蠻人，雖無知識以擴充其「善」，其惡亦不擴充，故太炎每主張愈文明則作惡的本領愈增，愈野蠻其惡愈減。如《朱希祖日記》光緒卅四年（1908）三月二十二日條就提供了一則親證：

> 下午，偕屈君至清風亭……太炎講人之根性惡，以其具好勝心……
> 而斷定愈文明則人愈惡，愈野蠻其惡愈減……。〔註12〕

進化論為人類帶來天真的樂觀主義，章太炎則以愈文明亦愈有作惡能力來揭破這個夢想。

　　第二：章太炎批判俗世心目中的「進」是一種迷妄。他說：所謂「進」，本是根識迷妄所成，有進於此，必有退於彼：

> 然則所謂進者，本由根識迷妄所成，而非實有此進。就據常識為言，
> 一切物質，本自不增不減，有進於此，亦必有退於彼，何進化之足
> 言？且有機物界，世見其進化之幻象也，而無機界並此幻象亦不可
> 觀。借觀地球，無時而不繞日，乃其所旋軌道，惟是循環周轉，非
> 有直進之塗，譬若戶樞常動，不能有分寸過於規外。〔註13〕

他不認為進化是一直線式的，而是「循環周轉」式的，故方見其為「進」，其實「退」也。〔註14〕太炎且認為主張進化程度的高低便是幸福程度的高低也是一個大妄念。他說：

> 幸福增進，一部人類所盲從也，佗部人類則或有反對此者。以善惡
> 言求增進幸福者，特貪冒之異名。〔註15〕

人類對「幸福」所下的定義，各各不同；在一部份人看來是幸福，在別部份人看來不一定如此。更何況意欲求「幸福」就必先經一段艱苦的努力，而所換得的幸福卻不一定能與所花費之苦心相抵。他說：

> 人求進化，必事氣機，欲事氣機，必先穿求石炭，而人之所需本不
> 在此，與其自苦於地窟之中心求後樂，曷若樵蘇耕穫鼓腹而遊矣，

---

〔註12〕轉引自《章太炎年譜長編》，頁291。
〔註13〕〈四惑論〉，《叢書》，頁897。
〔註14〕同前引。案：楊向奎說章太炎把進化論與莊子及佛家的輪轉說混合起來，認為他完全誤解了進化論（見氏著〈論章太炎的哲學思想〉，收在《歷史論叢》，1982年第一期，頁226。）
〔註15〕同前文，頁897。

夫樂不與苦相庚償，誰有白痴甘爲此者？〔註16〕

由這一段話，可以充份看出：章太炎疢思通過對進化論的批判，期勉當代人類斷其追求無已之心。

第三：章太炎認爲：萬物皆是輾轉緣生而來的，故物本身並無「自性」，既無「自性」，復何規則可言？故所謂的自然規則，決非「本在物中」，而是由人的「五識感觸而覺其然」，完全是由人心自造者也。〔註17〕章太炎即用上述的論證徹底否定進化論的可靠性，曰：「今夫進化者，亦自然規則也，雖然，視入火必熱，入水必濡則少異。蓋於多數不得不然，非於個人不得不然」，亦即是說「進化」只是眾所公認而有的，不是自然物所本有的，人類對這種規則「順之非功，逆之非罪」。〔註18〕

綜上所述，可以很明顯看出，章太炎雖認爲善、惡俱進，但他對進化所產生的惡果實特意強調，對於它所帶來「善」的一面，則有意略去；充份表現出章氏對文明進化實際上抱持的否定態度。

章太炎批評進化論，除了知識上的動機外，社會政治上的動機亦深值重視。

進化論「優勝劣敗」的公式，把衰弱的中國，帶入失望的深淵。斯賓塞相信，社會是以「地質學」的步調來改變的，〔註19〕嚴復所譯的《天演論》中，也提到：

當前世局，夫豈偶然？經數百萬年火烈水深之物競……其來也既深且遠如此，乃今者欲以數百年區區之人治，將有以大易乎其初？〔註20〕

既然如此，中國如何在短期間內超越困局，直追已進化國家？這是一個無法掙脫的牢結。故「優勝劣敗」之定律自非章氏所願承認。

另一方面，章太炎又深不滿於「主持進化者」，對不能進化至與之同一程度的民族，責以違背「自然規則」。太炎說：

……以進化者，本嚴飾地球之事，於人道初無與爾。然主持進化

---

〔註16〕同前文，頁897。

〔註17〕同前文，頁900。

〔註18〕同前文，頁901。

〔註19〕Richard Hofstader, *Social Darwinism in American Thought.* 此處參考郭正昭譯本《美國思想中的社會達爾文主義》（臺北：聯經出版公司，1982年），頁62。

〔註20〕嚴復《天演論》，頁50。

者，惡人異己，則以違背自然規則彈人。〔註21〕

「進化」既不是像「火必熱」那種本來就存在於物中的「自然規則」，那麼個體是可以自外於這個規則的，故已進化國家不得責未進化國爲「非義」：

> 嗚呼，昔之愚者，責人以不安命，今之妄者，責人以不求進化，二者行藏雖異，乃其根據則同。以命爲當安者，謂命爲自然規則，背之則非義，故以進化爲當求者，亦謂進化爲自然規則。背之則非義。〔註22〕

章太炎上面這段控詞指涉兩個方面：第一、落後國家如果自安於「野」，沒有人可以強迫他或「拯救他」一定要它進化到「文」。第二、主持進化者以「非義」指責落後國家，有很深沉的用意。他們自然而然地由「適者生存」這一「天然規則」導出另一個結論來：凡強者即是公平的生存鬥爭中的勝利者，故強者即是公理，成功即是合理。「主持進化者」君臨落後國家，將他們的殖民統治視爲一種進化論下「自然的必然性」（a natural necessity），使他們敗於武力之下，又要敗於「公理」之下。落後國家不但敗於強權的武力下，更要敗於「不服從自然規則」的公理下，故既被統治，則無理反抗矣；是故強權國之倡進化是另一種形式的「以理殺人」。

# 第二節　「五無」與「四惑」

「五無」與「四惑」，是章太炎的思想體系中頗爲突出的一部份。它們代表章氏革命行動最激烈時期社會政治思想之輪廓，其要求打破社會建制的決心相當明顯。

## 一、個體主義

章太炎受到唯識哲學之影響，〔註23〕對於事物只承認有「自性」者爲實

---

〔註21〕〈四惑論〉，《叢書》，頁 901。此外，章太炎之反進化與排滿革命之局勢亦至相關。若依優勝劣敗的規則來衡量，則處於極端劣勢的革命黨憑藉什麼撼動龐大的滿清呢？「優勝劣敗」的規則把現實世界的強弱之分加以合理化，故章氏批判進化論有部份原因是想掙脫現實的困局。

〔註22〕同前引。

〔註23〕這是大體而言如此，他學習佛學思想之後每以己意發揮，故同時代之佛學名家對其闡論佛理亦屢有不滿。如熊十力《體用論》（臺北：學生書局，1976年）第三章「佛法下」「附識一」：「有問：《章太炎叢書》中，有一文，以賴

在、有地位：

> 凡云自性，惟不可分析，絕無變異之物有之。眾相組合，即各各有
> 其自性，非於此組合上別有自性。〔註24〕

因惟有不可再分析的個體如個人、原子等等，爲有「自性」，故他要求打破所
有由個體所組成的「無自性」之團體與組織，希望達到「無政府」、「無聚落」
的地步。又因人本身也是由個個原子所組成，究極而言，亦不是有「自性」
之物；故他又進一步要求「無人類」、「無眾生」，最後甚至連「原子」亦打破，
成爲「無世界」；其言曰：

> 六十四種原質析至鄰虛，終無不可復析之量，既可復析，即不得強
> 立原子之名。若云原子，本無方分，互相抵觸而後見形者。既無方
> 分，便合渾淪爲一，何有互相抵觸之事？故知原子云者，徒爲妄語。
> 〔註25〕

章氏並爲邁往「五無」之路設下時程：

> 此五無者，非能於一時成就。最先二無，同時成就，爲二期。其次
> 二無，漸遞成就，爲一期。最後一無，畢竟成就，爲一期。〔註26〕

即「無政府」、「無聚落」爲一期，「無人類」、「無眾生」爲二期，「無世界」
爲最後總完成。

　　章氏討論二、三期的文字極少，專重發揮「無政府」與「無聚落」。前面
說到：他只承認個人及原子等爲有「自性」，是故村落、軍旅、牧群、社團、
國家……等由個人組成的團體皆非實在，「一切虛僞」。〔註27〕依理而言：有
「自性」之個人自然不必對「無自性」之團體、社會……負任何義務；又因
「自性」是自己圓滿具足的，故個人也自不必對社會團體中的任何一份子負
任何責任，或發生任何關係。基於前者，他發展出個人與團體（尤其是國家）
對立的理論。基於後者，他主「破對待」，要求解散所有人與人之間的關係，
今分述之。

---

　　耶識爲眾生所共同，其說誤否？答曰：此乃大誤，非小誤也。太炎於《成唯
　　識論》之根柢與條貫，全不通曉，祇摭拾若干妙語而玩味之。文人習氣向來
　　如此，不獨太炎也。」（頁149）

〔註24〕　〈四惑論〉，《章太炎文鈔》卷二，頁15。
〔註25〕　〈五無論〉，《叢書》，頁888。
〔註26〕　同前引。
〔註27〕　同註24。

## （一）個人與團體之對立

在前面已大致談過章太炎要求破團體、破聚落的理據，此處擬再詳論之。

章太炎認為各種「組織」都是不實在的東西：

> 要之，「個體為眞、團體為幻」一語，一切皆然。線縷有自性，布帛
> 無自性，方其組織時，唯有動態，初無實體。〔註28〕

譬如「家族」，原為儒家治國平天下的一個初階，但太炎在〈駁神我憲政說〉中譏曰：

> 即實而言，家族作用，特男女根之「戲」爾。〔註29〕

至於「部落」及國家，他認為是：

> 特手根之「執」，足根之「步」爾。〔註30〕

> 國家作用，並此三者，益以舌根之「言」爾。〔註31〕

他認為從「家族」、到「部落」、到「國家」，是一步一步加重其「野蠻之量」才形成的，組織愈大、愈緊密，乃愈野蠻愈罪惡，而「文明為極成之野蠻」：

> 家族者，野蠻人所能為，增進其野蠻之量，則為部落，又增進其野
> 蠻之量，則為國家。是則文明者，即斥大野蠻而成，愈文明者即愈
> 野蠻，文明為極成之野蠻。……〔註32〕

不過，太炎對「家族」討論的很少，而全力集中對付「國家」及「政府」。

前面提到：章太炎把人當成是無「自性」的「偽物」，認為原來亦非實有，只是不得已而承認其有「自性」：

> 人亦細胞集合而成，云何得言實有自性，答曰：以實言之，人亦偽
> 物耳。〔註33〕

何況是由各個人民所組成之「國家」乎？故「國家」者決然為幻有之物。是故凡提倡國家主義者，皆是以「謬亂無倫之說以誑耀人」。〔註34〕

由人民為「眞」，國家為「幻」的思想基礎，太炎導出了與傳統「國家學者」迥不相同的結論，認為應以人民為「主體」，國家為「客體」。他說：

---

〔註28〕〈國家論〉，《章太炎政論選集》，頁360。
〔註29〕〈駁神我憲政說〉，同前書，頁403。
〔註30〕同前引。
〔註31〕同前引。
〔註32〕同前文，頁406。
〔註33〕〈國家論〉，《章太炎政論選集》，頁362。
〔註34〕同前引。

> 然近世國家學者，則云國家爲主體，人民爲客體，原彼（案：指「國家學者」）之意，豈不曰常住爲主，暫留爲客，國家千年而無變異，人民則父子迭禪，種族遞更，故客此而主彼邪？……若彼國家，則並非五識現量所得，欲于國家中求現量所得者，人民而外，唯土田山瀆耳。然言國家學者，亦不以土田山瀆爲主體，則國家之爲主體，徒有名言，初無實際可知已。〔註35〕

國家與政府既是虛幻、是客體，則它所制定的「制度」、「法律」亦必非永存之實體：

> 若爾組織，亦無自性，況其因組織而成者，可得說出實名耶？
> 〔註36〕

故人民並無必然奉行國家制度及法律之理：

> 或曰：國家自有制度法律，人民雖時時代謝，制度法律則不隨之以代謝，即此是實，故名主體。此亦不然。制度法律，自有變更，非必遵循舊則，縱令無變，亦前人所貽之「無表色」耳。……其功能仍出于人，云何得言離人以外別有主體？然則國家學者，倡此謬亂無倫之說以詿耀人，眞與崇信上帝同其昏悖。世人習於誕妄，爲學說所縛而不敢離，斯亦惑之甚矣。〔註37〕

制度或法律，「其功能仍出于人，云何得言離于人以外別有主體？」故他認爲小我之於大我，本無內在義務，凡是要求人民服兵役、交賦稅……都是承自中古「封建之餘習耳」。〔註38〕凡強迫人民服從國家的制度或法律，且名爲義無所逃者，即是顛倒悖亂。

在這樣的理論基礎上，太炎自然可以很容易建立起他的革命論——國家政府之功能既然是由「人民」賦予的，且其本身並無「自性」，則它的存廢全部由人民操其權，一有不滿，即可起而倒之。

如果「個體」迫於利害而不得不作的行爲與「國家之秩序」相牴牾時，應當如何處置？關於這一點，未見太炎專論。但由他討論「復仇」一事所持

---

〔註35〕同註33。
〔註36〕〈國家論〉，同前書，頁380。
〔註37〕同註33。
〔註38〕太炎曰：「國家者，責其民以從軍應役，乃至醫方工技，悉爲有司所材官，此承封建之餘習則然」（〈四惑論〉，《叢書》，頁894）。又說：「如因政府，又起賦稅諸法，其流無已」（《國故論衡・辨性》，頁205。）

的說法，可以揣得一、二。有人認爲如果復仇可行，而國家之秩序亦不可侵。
太炎直截加以反駁，說：

> 復仇之事是以有禁，若然則國家之秩序爲重，而個人之損害爲輕，
>
> 斯國家者，即以眾暴寡之國家矣。〔註39〕

他認爲如只顧及國家秩序而不准受損害的人民復仇，是「以眾暴寡」，是「囿
蔽於長國家者之言，因循成俗以爲義法本然，而以復仇爲野蠻之行，此最可
嗤鄙者也」，〔註40〕太炎如此權衡人民復仇與國家秩序之間的輕重，固是爲了
替排滿復仇尋找理據，但亦正是他的個體主義之延伸。章氏在清末提出這一
個理論，自然是與其打倒清廷的行動息息相關的。

## （二）破對待性關係

前面提到，章太炎認爲個體不必與他人發生任何關係、負任何責任，故
「人倫相處，以無害爲其限界」，〔註41〕既不爲害人而生，亦不爲助人而生，
與人爲惡或與人爲善皆非應當；其言曰：

> 惡非人所當爲，則可以遮之使止。人類不爲相助而生，故善亦非人
>
> 之責任，則不得迫之使行。〔註42〕

守善與守惡俱非正當，人倫相處應以無善無惡（「無記」）爲基準。「責人以無
記以上，而謂之曰公理，則束縛人亦甚矣」。〔註43〕故不能藉「公理」之名規
定利他，亦不能藉法律之名規定，更不可假「造物主」之名規定──因爲「造
物無物，亦不得有其命令者」〔註44〕也。

太炎說西方諸國所以會有「人爲社會而活」的思想，是因他們有「神教」
在宰制著，而又去封建未遠之故，並不是人性當然如此：

> 歐洲諸國參半皆信神教，而去封建未遠，深隱於人心者，曰人爲社
> 會生，非爲己生，一切智能膂力，當悉索所有以貢獻於大群，因政
> 教則成風俗，因風俗則成心理，雖瑰意琦行之士，鮮敢越其範圍。
> 有視國家與神教如虺蛇者，徒沾沾焉與其形式相攻，而因是所成之

---

〔註39〕 〈復仇是非論〉，《叢書》，頁792。
〔註40〕 同前引。
〔註41〕 〈四惑論〉，《叢書》，頁894。
〔註42〕 同前文，頁895。
〔註43〕 同前引。
〔註44〕 同前文，頁894。

心理，已執藏於其髓海。〔註45〕

人類既非為世界而生，非為社會而生，非互為佗人而生，故章太炎反對所有的對待性關係。一方面反對個人依附任何法人團體，一方面否定所有人際關係之價值。認為「交相倚持，待群為活」〔註46〕是最下劣的；「人聚得越多，道德就越腐敗」，〔註47〕故人的最佳狀態是：「求清涼者必在滅絕意志，而其道始予隱遁」。〔註48〕

晚清思想界要求「破對待」的風氣至盛；如譚嗣同〔註49〕便與章太炎一樣要求破除所有對待性關係。但對於傳統儒家而言；治國平天下的政治哲學與道德哲學就是依附在對待性的倫理關係上的，故破對待之舉對這一套傳統的規範實不能不是一個重大的挑戰。

### （三）五無與排滿主義之關係

許多學者認為：章太炎提倡虛無，與排滿相牴牾，令孫中山派失望，是促成兩者對立的原因之一。〔註50〕令我們深感興趣的是虛無與排滿相矛盾嗎？

光緒卅三年（1907），太炎在《民報》第十六號發表〈五無論〉，對「狹隘之民族主義」大加撻伐；曰：

今之人不敢為逭天之民，隨順有邊，則不得不有國家，亦不得不

---

〔註45〕　〈四惑論〉，《叢書》，頁894。

〔註46〕　〈無政府主義序〉，《政論》，頁383。

〔註47〕　《章太炎的白話文》，頁4。

〔註48〕　同註40。

〔註49〕　譚嗣同有關破對待的言論極多，《仁學》中提出「衝決網羅」尋求平等，事實上就是要衝決對待性的關係。他說「仁一而已，凡對待之詞，皆當破之」，「參伍錯綜其對待，然後平等」，「無對待然後平等」（《仁學》，頁7）又說：「對待生於彼此，彼此生於有我，我為一，對我者為人，則生二，人我之交，則生三……由是大小、多寡、長短、久暫一切對待之名，一切對待之分別，殽然閟然，其瞞也，其自瞞也，不可以解矣」（《仁學》，頁32），在這裏，譚嗣同顯然把「破對待」應用得太泛了，認為人的知解不清楚，也是因為有對待的緣故。另外，劉師培更將「破對待」拿來申明革命家必需有破利害對待之勇氣。其言曰：「……無為消極之詞，必有積極之詞為之對待，而利害之名，亦無由而破。惟明於利害均為假象……而利害悉歸於平等，既視利害為平等，則利害之名亦消」（劉師培〈利害平等論〉，見《劉申叔先生遺書》（臺北：京華書局，1970年）第三冊，頁1928。）

〔註50〕　如小野川秀美，〈章炳麟的排滿思想〉，見李永熾師中譯，刊於《大陸雜誌》，第四十四卷第三期，頁59。

有政府。國家與政府，其界域固狹隘，故推其原以得民族主義，
其界域亦狹隘，以民族主義爲狹隘而不適於國家者，斯謂有法，
自相相違，不成比量。夫於恆沙世界之中，而有地球，無過大倉
之有稊米，今於其間分割疆域葆爲己有，而命之曰國家……其所
守本狹隘，惟相應於狹隘之民族主義而爲之，誠欲廣大，固不當
分種族，亦寧得分國家？……國家者，如機關木人，有作用而無
自性，如蛇毛馬角，有名言而非實存，究其成此虛幻妄想者，非
民族之爲而誰爲乎？〔註 51〕

在這裏，太炎縱論國家之無自性，故不當成立。而國家之所以成立，「惟相應
於狹隘之民族主義而爲之」；若欲徹底消滅國家則人類實不當分別種族，而且
必須達到「易族既非所爭，賣國亦應無責」的境界。〔註 52〕他主張透過「五
無」的實踐──也就是無政府、無聚落、無人類、無眾生、無世界，就可以
從根廓除民族主義；故說：

五無者，超過民族主義者也。〔註 53〕

讀到這裏，幾乎可以肯定章太炎的「五無論」完全與革命陣營的排滿主義相
牴牾，一旦五無之說成立，排滿主義即成虛妄！

但他在同期的《民報》中，卻刊有〈定復仇之是非〉一文，強調對滿洲
復仇非「上古野蠻之事」，又說：今之種族革命「期于顛覆清廷」，〔註 54〕顯
見其排滿意志極堅，依舊是激烈的民族主義者。不明太炎思想深層結構的人
或許會下這樣一個判斷：章太炎正處於極度的思想矛盾中。

前面已說過章太炎認爲國家完全是由民族主義所派生；但他同時也反過
來強調：民族相爭亦因國家之隔閡而起；其言曰：

凡茲種族相爭，皆以有政府使其隔閡。假令政權墮盡，則犬馬異類，
人猶馴狎而優容之，何有於人類？〔註 55〕

因有政府存在故有著種族之爭端，「假令政權墮盡」，則復何種族相爭之有？
故章氏認爲若欲抹煞民族主義則須先抹煞政府。但誠如他在〈五無論〉說的，

〔註 51〕〈五無論〉（刊於 1907 年 9 月 25 日出版之《民報》），《叢書》，頁 885。
〔註 52〕同前引。
〔註 53〕同前引，頁 886。
〔註 54〕〈復仇是非論〉，《叢書》，頁 792。
〔註 55〕〈五無論〉，《叢書》，頁 886。

抹煞政府至爲不易，必須「與無聚落說同時踐行也」。〔註56〕但欲達「無聚落」
之境又談何容易，因爲若不斷絕人類，則「今之社會、今之國家、又且復見」，
所以想抹煞聚落，得先抹煞世界、眾生、政府，一環一環互相牽制著。「無人
類」決然不可能一時辦到，則人類又有什麼理由否定民族主義。〔註57〕是故
依章太炎內在的邏輯去推論，人類目前完全沒有能力抹煞民族主義，在此不
得已情況下，只能「隨順有邊」，爲「跛驢之行」，不要妄想打擊民族主義了。
故〈五無論〉的結語是：

> 人生之智無涯，而事爲空間、時間所限，今日欲飛躍以至五無，未
> 可得也，還以隨順有邊爲初階，所謂跛驢之行。夫欲不爲跛驢而不
> 得者，此人類所以愈可哀也。〔註58〕

不但不能打擊它，因民族主義是「切近可行」的，故更要戮力以赴，因此〈復
仇是非論〉上說：

> 雖無政府主義猶非爲最高尚也，高尚者在並人類眾生而盡絕之。……
> 然舉其切近可行者，猶不得不退就民族主義。〔註59〕

由上可見二文的思想是一貫的。他是從反面推進證明抹殺民族主義決不可
能，而斷不是想抹煞民族主義。這個理論自亦爲對抗保皇派而設。保皇派全
力提倡廢棄民族主義，但若按太炎的理論去推，欲去滿、漢之界者，則必先
抹殺大清帝國政府也，這對保皇派而言自然是一個永無解法的兩難。

### （四）五無的過渡

　　章氏既提出「無政府、無聚落、無人類、無眾生、無世界」的最高理想。
〔註60〕但爲何還積極討論現實政治的建構？正因爲章氏把「五無論」建構得
太過完整、徹底（甚至要求達到無人類的境界），設若承認它，也就必須進一
步承認：在五無的基礎下，沒有任何正面的政治建構是有用的，甚至所有牽
涉到「人」的討論，亦皆枉然。但是章太炎卻偏在同時提出不少政見，吾人
勢將生疑：在如此徹底的五無世界裏，他的政治意見究將焉附？

　　這裡就涉及了一個充滿疑難的問題：在同一個時期，章氏的政治思想究

---

〔註56〕同前文，《叢書》，頁888。
〔註57〕同前引。
〔註58〕同前文，《叢書》，頁893。
〔註59〕見《叢書》，頁794。
〔註60〕《叢書》，頁885～893。

分幾個層面？——吾人或可如此代答：在現實面，他是一個新法家主義者，在超越面，他是一位五無論者，但另外還有一個過渡面。

在發展至「五無」之前，章太炎許可人類擁有一套過渡理論——以他的慣用語來說，就是「隨順有邊」，尅就目前的理論中取其切用者暫爲過渡。如〈五無論〉中雖主張絕對廓除國家組織，但章氏仍容許「暫時」保留「國家」，其言曰：

> ……以此知近世存生之術，皆由勢不得已而爲之，非理有當然而爲之也。原夫人之在大界也，介然七尺而攻圍其四匝者多矣，依天以立，而寒燠瘴癘侵之。依人以處，而笞箠刀鋸犯之。依身以存而飢渴疲勞迫之，盡此百年，無一刹那得以自在，於是則寧以庶事自縛以求安全。若從吾所好者，安取是攘攘爲？然既已自求安全，則必將層累增上，以至建國而止。今之建國，由佗國之外鑠我耳，佗國一日不解散，則吾國不得不牽帥以自存。〔註61〕

章氏表示如果「從吾所好」——亦即是依他的理想面說，國家根本不該存在，但因天然環境之逼迫，及他國之「外鑠」，故不得不讓國家存在。

又如「共和政治」，從理想的層面上看是章氏所深惡的。但它亦可以是一種過渡：

> 若夫民族，必有國家，國家必有政府，而共和政體於禍害爲差輕，固不得已而取之矣。〔註62〕

不過章氏認爲西方的共和政制需加上四種附帶條件才可被接受：

> 於是當置四法以節制之：一曰均配土田，使耕者不爲佃奴；二曰官立工場，使傭人得分贏利；三曰限制相續，使富厚不傳子孫；四曰公散議員，使政黨不敢納賄。斯四者行，則豪民庶幾日微，而編戶齊人得以平等。亦不得已而取之矣。〔註63〕

加上了這四種附帶條件後，這個「共和僞政」與章太炎對現實政治的理想〔註64〕幾乎是一致的。他認爲這是過渡到五無境界的寶筏；其言曰：

> 然非有共和僞政，及其所屬四制以爲之基，寧有翔躕虛無之道？隨

---

〔註61〕〈國家論〉，《叢書》，頁906。
〔註62〕〈五無論〉，《叢書》，頁886。
〔註63〕同前引。
〔註64〕關於章氏對現實政治所抱的理想，可以從〈代議然否論〉中看出整個輪廓。請見《叢書》，頁810～816。

　　順有邊，期以百年然後遞見五無之制。〔註65〕

既然「非有共和僞政及其所屬四制以爲之基」則人類不可能達到五無之境界，那麼「五無」思想不就反過來界定了共和僞政的必然、必需存在嗎？前面討論到五無與排滿民族主義的關係時，我們也得到相同的結論。足見在章太炎的虛無思想之最深層，非但與他本人所從事的實際政治改良行動不相違背，反而有著極深刻微妙之關聯，這一點或許是吾人讀章氏書時最應特別留意的。

## 二、激烈的相對主義者

　　章太炎反抗自然、公理、天理……易言之，即否認有任何永恆而終極的真理，而且否認有任何客觀法則與客觀真理；更進一步反對消極地順從這些「必然性」，而使自己的自由受到限制。

　　章太炎反對決定論的思想根據有二：（1）是由於反理學思想的支持，對於任何與「理」相同或相似之物皆徹底否定。（2）他受到佛學的影響，認爲物無自性，一切爲「無常法」所漂流，故不可能有規則。在這兩個思想基礎下，太炎認爲：第一：沒有控制萬物秩序的造物主、神、天，或任何發號施令之主宰。他又把一切社會法則及自然法與神等同起來，將劃除二者視爲同一件工作。第二：人們從來就不是被某種固定的方式來建立自己的社會關係，故社會秩序或社會規範的神聖性、永恆性及穩定性，都應受到徹底的懷疑。第三：所謂「自然規則」者，非「本在物中」，乃由人的五識感觸而覺其然，故一旦脫離了人的意識，則自然規則實際上並不存在著。因此運動中的偶然性應獲重視。〔註66〕根據這三個原則，太炎先後撰寫了一系列論文，它們集中表達了太炎激烈的相對主義態度。

### （一）廓除所有高高在上的主宰

　　章太炎於光緒二十五年（1899）寫成〈視天論〉，這篇文章看似爲討論天文學而作，其實背後藏有其他的意義。在這篇文章中，他認爲沒有「真天」，只有「視天」，整個宇宙的運動狀態是由實物之間相「攝」而成，決不受蒼蒼之天的主宰控制：

---

〔註65〕〈五無論〉，《叢書》，頁886。

〔註66〕參考姜義華〈辛亥革命時期章太炎哲學述評〉，《中國哲學》，第六期，頁222～223。

夫大鈞播物，氣各相攝。月攝於地，地攝於日，日復攝于列宿，其所

以鼓之、舞之、施之、推之者，其用大矣，安視此蒼蒼者爲？〔註67〕

在《訄書》「原刊本」中另有一篇〈天論〉，說所謂的「天」，不過是一些氣體的聚積，氣體來自地球，地球又是從太陽產生的，宇宙乃若干恆星（日）組成的，「日（「恆星」）無所自出，何必曰上帝」；「然則物生於日，而其爲禍福則日無與焉，若夫天與上帝則未嘗有也。」〔註68〕因此他問：「若天，則何爲也哉？」。〔註69〕他說：傳統以來把「天」當作「車蓋斗葆」，「謂上無覆庇，下必不能自立」的說法，全屬無稽，〔註70〕「人」應該完全自「天」的掌握下解放出來。

在否定「天」有內容及天能控制宇宙的秩序後，太炎展開了三項掃蕩工作：（1）否定「上帝」。他說：

則天固非有眞形，而假號爲上帝者，又安得其至大之盡限而以爲至

尊也。……則上帝滅矣。孰能言其造人與其主予奪殊慶耶？〔註71〕

太炎在破除上帝之主宰後即表示他佩服佛氏之「不得祠諸天鬼神……可謂大智哉」。〔註72〕（2）打擊「天不變道亦不變」的思想。《齊物論釋》上說：「老子云：道可道，非常道；董仲舒云天不變，道亦不變。智愚相懸乃至於此」。〔註73〕董仲舒非不主「變」，但認爲不能變「道」，而太炎則把「道」所依據的「天」廓除了。（3）他把「天」、「理」、「道」、「自然」等同起來，既批判了「天」，亦懷疑「理」、「道」、「自然」等，從而反對任何劃一性，更反對以一「理」或一「道」去強派給天下。太炎便亦基於這個理由，堅決主張所有個體都應保有其獨特性及差異性的；譬如他堅持西方式的道德觀念不可以橫加乎中國時，便援用了這一論據：

那墨子的天志說，董仲舒所說的「道之大原出於天」，陸子靜所說的

「東海有聖人焉，此心同此理同，西海有聖人焉，此心同此理同」，

都是憑空妄想的話……。〔註74〕

---

〔註67〕〈視天論〉，見《章太炎選集》，頁41。

〔註68〕《訄書》（原刊本），〈天論〉，轉引自任繼愈《中國哲學史簡編》，頁557。

〔註69〕〈視天論〉，見《章太炎選集》，頁45。

〔註70〕同前文，頁44。

〔註71〕前引文，頁49。

〔註72〕前引文，頁50。

〔註73〕《齊物論釋》，《叢書》，頁354。案：章氏批判「天」的言論可能係針對「春秋董氏學」而發。

〔註74〕《章太炎的白話文》，頁50～51。

既然「道之大原出於天」是句空話，則各個文明便自有其獨特性，不能以一套價值標準去律定它或衡量它。

## （二）反對以理繩人

在清代中晚期思想家中，反理學者所在多有。章太炎詁經精舍時期的老師俞樾（曲園）便有此傾向，曾對「以理繩人」加以嚴厲的批判。〔註75〕章太炎則是晚清第一個揭闡「以理殺人」的學者，在這一點上他們師徒二人之間或許存在著緊密的思想關連。

不過，吾人必需特別注意，反對「以理殺人」只是章氏全面反天理的一個面而已；章氏非僅只反對「以理殺人」，而是認為「理」根本沒有存在的理由。他說：

> 洛閩諸儒，喜言天理，天非蒼蒼之體，特以眾所同仭，無有代表之辭，名言既極，不得不指天為喻，而其語有疵瑕，疑於本體自在是……。〔註76〕

太炎認為，「天」非實有其物，而宋儒「疑於本體自在是」，竟託天之名自懸一「理」以制萬物，遂致產生如下弊病：第一，依此理，將人倫關係等級化，原本雙向的人倫關係變成單向的。第二，把「天理」、「人欲」對立起來，故錮滅人的情性。第三，牽一理以宰萬物，不容許個人差異的存在。

關於第一點，太炎說：

> 天理者，謂臣子當受君父抑制，而不謂君父當抑制君父。〔註77〕

> 天理者，獨於臣之事君，子之事父操之過慮。〔註78〕

他認為君仁、臣忠、父慈、子孝，原為雙向性的關係，卻被天理家扭曲為單向的宰制，影響所及為中國專制統治提供了穩定性。關於第二點，章太炎說：

> 宋世言天理，其極至於錮情滅性，烝民常業，或一切廢棄之。〔註79〕

只談淨潔的「理」，不准人民有正常的「欲」，想將人民教成道德上的聖人，卻沒想到剝奪了他們過正常生活的資格。關於第三點，章氏在《齊物論釋》

---

〔註75〕俞樾，《春在堂全書》，頁2156。
〔註76〕〈四惑論〉，《叢書》，頁894。
〔註77〕同前文，頁897。
〔註78〕同前文，頁896。
〔註79〕同前文，頁894。

中有日：

> 不可據理以定是非白黑之相。〔註80〕

又說：

> 要知……即一理爲人人所共明而未證之於心，也還沒有用處的……
> 理，彷彿是目的地，各人所由的路，本不能盡同，所見的理，也必
> 不能盡同……。〔註81〕

他強調每個人所見之「理」不能相同，故不可能有一個「天理」能盡括一切，統制一切。這一論點是太炎所反覆強調的，以下還會陸續談到。

### （三）破除公理的壓制

在〈四惑論〉一文中，章太炎對專制、天理、公理，分別予以嚴厲指斥，但比較之下，他認爲「公理」之禍害遠甚於「專制」與「天理」。他說：

> ……寧得十百言專制者，不願有一人言天理者。寧得十百言天理者，
> 不願有一人言公理者。所以者何？專制者其力有限，而天理家之力
> 比於專制爲多。言天理者獨於臣之事君，子之事父，操之過蹙，父
> 之盡期，率先於子，而出身事君，亦得恣意去留，是故天理縛人，
> 非終身不能解脫。言公理者，以社會常存之力抑制個人，則束縛無
> 時而斷。言天理者，謂臣子當受君父抑制，而不謂君父當抑制君父，
> 以不道遇其臣子者，非獨天理家非之，一切社會亦非之，故見屈於
> 一人，而常受憐於萬類，是尚有訟冤之地。言公理者，以社會抑制
> 個人，則無所逃於宙合，然則以眾暴寡，甚於以強凌弱，而公理之
> 慘刻少恩尤有過於天理。〔註82〕

在這一段話中，太炎指斥所謂「公理」是以社會常存之力量（案：即「社會秩序」）壓制個人，而個人卻無所訟冤於天地之間，比夫專制之壓制，天理之束縛，更爲酷烈，認係「以眾暴寡」、「以強凌弱」。

所謂「公理」是眾人所公認而成立的，但正因其係眾人所公認之物，故並無「自性」，是像「棋坪」、「方卦」之類的，乃「行棋者所同仇，則此界域爲不可逾」，〔註83〕故實際上是不存在的。公認之「理」猶不可據以籠制

---

〔註80〕《叢書》，頁355。
〔註81〕《國學概論》（臺北：聯合圖書公司，1968年），頁108。
〔註82〕同前文，頁896～897。
〔註83〕〈四惑論〉，《叢書》，頁893。

人，更何況是「以私意爲公理」者，又有何憑何據可以據之陵轢個人？其言曰：

> 公理皆以己意律人，非人類所公仞。人類所公仞者，不可以個人故
> 陵轢社會，不可以社會故陵轢個人。若如公理之說，無益於社會者，
> 悉爲背違公理……是則持公理者乃豺狼之不若……。〔註84〕

公理最多只能限制個人不可「陵轢」此社會，卻不能主張社會可以「陵轢」個人。所以一個人即使無益於社會，社會也沒有理由對他作任何處置。

　　章太炎之一再批判「公理」，亦自有其現實之考慮。他實不滿於當時倡「公理」說者，使一切強權無不合理。〈四惑論〉中說：

> 如布魯東氏之說，則曰天下一事一物之微……，節族自然，盤旋起
> 舞，合於度曲，實最上極致之力使然……，是故，一切強權無不合
> 理，凡所以調和爭競者，實惟強權之力……。原其立論，本於海格
> 爾以力代神，以論理代實在……旣使萬物皆歸於力，故持論至極，
> 必將尊獎強權，名爲使人自由，其實一切不得自由。後此變其說者，
> 不欲尊獎強權矣，然不以強者抑制弱者，而張大社會以抑制個人，
> 仍使百姓千名互相牽制……。〔註85〕

持「公理」說者認爲一切事物冥冥中皆有一最上極致之力在運使，故萬事皆必然，亦皆合理，則當代帝國主義侵略落後國家亦屬合理之舉矣，這自然是章太炎所深不滿的。

　　此外，康有爲早年著有「人類公理」，並自言「僕在中國實首創言公理」，又以「中國今日人心，公理未明」〔註86〕爲不能行革命之理由，章太炎自然不願革命行動爲此說所束縛，故答以「然則公理未明，即以革命明之」，〔註87〕是見其摧破公理說，亦與革命行動息息相關。

　　章太炎藉著〈五無論〉（1907）破除團體及各種秩序對個人的束縛；又藉著〈四惑論〉（1908）打破了首出群倫，宰制天下的「理」，二說匯流的結果

〔註84〕同前文，頁896。
〔註85〕同前文，頁894～895。
〔註86〕康有爲〈答南北美洲華僑中國只可行立憲不可行革命書〉，見《康南海先生遺
　　　　著彙刊》冊一六，頁55。
〔註87〕章太炎〈駁康有爲論革命書〉：「長素以爲：中國今日人心，公理未明，舊俗
　　　　俱在，革命以後，必將日生干戈，偷生不暇，何能變法救民，整頓內治？（按：
　　　　章太炎曰）夫公理未明，舊俗俱在之民，不可革命，而獨可立憲，此又何
　　　　也……」，見《章太炎選集》，頁176。

是他在宣統二年（1910）寫成的《齊物論釋》。

# 第三節　反代議政治

## 一、反代議

　　在清末革命派及維新派幾乎一致贊成議會政治之際，章太炎獨持異議強烈反對。他攻擊代議立憲的文字早在光緒廿九年（1903）〈駁康有爲論革命書〉中即已發其端緒，但大量申論則等到光緒卅三年（1907）以後。舉其中最具代表性的話有：

　　　　議院者，國家所以誘惑愚民而鉗制其口者也。〔註88〕

　　　　議院者，民之仇，非民之友。〔註89〕

對於拿破崙、華盛頓兩位民主憲政之先鋒，太炎甚至準備於死後「操金椎以趣冢墓下……敲其頭」。〔註90〕

　　總括地說，太炎反對代議之原因至少有五：第一，他對形成代議制的歷史背景作了考察，認爲這個制度是封建之變相。太炎扣緊代議民主的社會背景，認爲中國封建崩潰後，政制應走另一道路：「代議政體者，封建之變相，其上置貴族院，非承封建者弗爲也。民主之國，雖代以元老，蛻化而形猶在。其在下院，「周社」有外朝詢庶民，慮非家至而人見之也，亦當選其得民者，以叩帝閽……至今又千五六百歲，而議者欲逆反古初，合以泰西立憲之制，庸下者且沾沾規日本，不悟彼之去封建近，而我之去封建遠，去封建遠者，民皆平等，去封建近者，民有貴族黎庶之分」。〔註91〕

　　章太炎認爲只有尚存在著「貴族黎庶」之分的封建國才宜行議會制，現在中國已脫離封建甚久，若欲仿行斯制，是所謂「逆反古初」，不合時宜。歐美日本之所以可行，正是因他們「去封建時代近」：

　　　　綜觀中外之歷史，則歐美日本去封建時代近，而施行憲政爲順流；
　　　　中國去封建時代遠，而施行憲政爲逆流。中國欲立憲，惟兩漢之世
　　　　差可，今則時已過去矣，誠欲求治，非不在綜核名實也，然觀貞觀、

〔註88〕〈五無論〉，《叢書》，頁886。
〔註89〕〈代議然否論〉，《叢書》，頁816。
〔註90〕〈官制索隱〉，《叢書》，頁685。
〔註91〕〈代議然否論〉，《叢書》，頁810。

> 開元之政，綜核之嚴，止于廉問官吏，于民則不可繁苛，夫懲創貪
> 墨，糾治奸欺，寧非切要可行之政哉。〔註92〕

中國欲行代議立憲，當在兩漢之際，目前爲政之道，則唯「綜核名實」、「糾
治奸欺」，在原有的體制內進行改革一道，不必另立新制。而「綜核名實」、「糾
治奸欺」便是他的新法家思想之骨幹（詳後）。

第二，議院使豪民取得合理化的特權，不啻是「爲虎著冠」。他說：

> 議院者，不過分官吏之臧以與豪民而已。返觀專制之國，猶無斯紊
> 亂也。〔註93〕

本來專制時代只有貴族、平民二級，如今又加上由豪民搖身而變的議士，是
又憑添一批壓迫者。這批「豪民」過去一直是鄉曲大患，如今竟又經由議會
制將其特權加以合理化；他舉美國代議士的「特權」以爲說明：

> 美國之法，代議士在鄉里有私罪不得舉告，其尊與帝國之君相
> 似。……震旦尚不欲有一政皇，況欲有數十百議皇耶？〔註94〕

在章氏心目中，「議士」即如「議皇」；由這批「議皇」來制定法律，必只照
顧既得利益階層，而嚴重忽略平民階級的需求：

> ……若就民生主義計之，凡法自上定者，偏于擁護政府，凡法自下
> 定者，偏于擁護富民，今使議院尸其法律，求壟斷者惟恐不周，況
> 肯以土田平均相配？〔註95〕

他認爲議員是新特權階級，嚴重的違反其所標榜的平民主義。

第三，章太炎認爲議會不足以強中國。案：康、梁倡導代議立憲的主要
理由之一是它可以富強中國，其典範在日本及俄國，但章太炎卻不認爲立憲
與富強之間有任何關係。他說日本之強盛並不因爲立憲的緣故；日本立憲後
五年便打敗中國，一個新制豈可能奏功如是之速？實際上日本強盛的主要原
因是它離封建不遠，故政治「有敘」，人民「尚武」：

> 故知其民尚武，由封建之習慣使然，非憲政之倡導使然。其政有敘，
> 由封建之習慣使然，非憲政之裁制使然。〔註96〕

> 東國以時序密邇于封建，民性慕進……故其憲政亦工，非以憲政能

---

〔註92〕　〈政聞社員大會破壞狀〉，《政論選集》，頁373。
〔註93〕　〈五無論〉，《叢書》，頁886。
〔註94〕　〈代議然否論〉，《章太炎選集》（上海：人民出版社，1981年），頁473。
〔註95〕　同前引。
〔註96〕　〈政聞社員大會破壞狀〉，《政論選集》，頁375。

　　　　致善俗也。〔註97〕

他說日本憲政成功是拜封建之賜的，所有使日本雄霸世界舞臺的優點，都與
立憲無關。非僅此也，章太炎在民國元年所寫的〈參議員論〉中，又強調代
議制度將會妨礙行政運作的效率；其言曰：

　　　　昔滿清初設資政院也……士大夫目睹夸毗之政，身又久困于羈軛中，

　　　　一旦發舒，常思有以漢憤，是故彈射政府者為賢，未盡毫末補助。

　　　　今又復于清時舊貫，議員所務，復以攻擊拒卻為名高，終無有折中

　　　　者，長此不更，行政將有所墮。〔註98〕

依這段話看來，太炎認為：代議非但不足強中國，且足以弱中國。

　　　第四點，是針對清末立憲派而發的。他認為立憲派不了解中國之內情，
故不能確中其弊：

　　　　今之言立憲變法者，非為內治而起……寢食不忘，惟歙財治兵為務，

　　　　而官常清濁，民生疾苦，非其所欲說，耳所欲聞。〔註99〕

他說目前的立憲派雖然知道為政需賴法制，但卻完全沒有踐行法制之決心，
實際上是：

　　　　左持法規之明文，右操運動之秘術……。〔註100〕

這裏是罵立憲派口口聲聲立憲，卻全不守法。這一罵自然含有意氣的成份。

　　　另一方面，章氏譏笑康有為一心想透過皇帝的力量完成立憲，他說：「豈
有立憲而可上書奏請者？立憲可請，革命亦可請乎？以一人之詔旨立憲，憲
其所憲，非大地萬國所謂憲也」；照他看來，「流血成河，死人如麻，亦立憲
所不可免」，〔註101〕康有為寄望由皇帝發動立憲變法本來就是預先默許君權專
制，故他的「立憲變法之說，非滿洲政府據其上，則無由生」。〔註102〕退一步
想，即使立憲在中國成功了，在「兩院制」下，上院可以駁下院之議，而上
院非漢族所得參，是議權仍不在漢人也。〔註103〕

　　　第五，章太炎反對選舉，不管是「直接選舉」或「間接選舉」皆然。因

〔註97〕　〈檢論〉，〈對二宋〉，《叢書》，頁622。

〔註98〕　〈參議員論〉，《章太炎政論選集》，頁572。

〔註99〕　〈滿州總督侵吞賑款狀〉，《政論選集》，頁424。

〔註100〕　〈王夫之從祀與楊度參機要〉，《政論選集》，頁427。

〔註101〕　〈駁康有為論革命書〉，《章太炎選集》，頁172～173。

〔註102〕　〈滿州總督侵吞賑款狀〉，《政論選集》，頁425。

〔註103〕　〈駁康有為論革命書〉，《章太炎選集》，頁171。

爲不管是前者或後者，都必將選出「土豪」。其言曰：

> 愚陋恆民之所屬目，本不在學術方略，而在權力過人，以三千人
> 選一人，猶不能得良士，數愈闊疏，則眾所周知者愈在土豪。……
> 〔註104〕

無知識的平民只著重「土豪」；而「知識少高」之人代表投票亦不能免此；由
這批土豪所組成的機構名曰「國會」，其實是「姦府」：

> 單選不善，於是與之複選。其人知識雖少高，賢良眾則勢分而附從
> 寡，土豪一則勢合而陪屬多，其不足相勝亦明矣。是故選舉法行，
> 則上品無寒門，而下品無膏梁，名曰國會，實爲姦府，徒爲有力者
> 傅其羽翼，使得腰膂齊民，甚無謂也。〔註105〕

總之，他既不信任大眾的判斷力（說「眾之所與，不緣質情」），又認爲候選
人擅「自暴其聲」、「既不校練，功楛未可知」；〔註106〕所以不管從哪一方面來
看，他都堅持選舉非善法。不過，他雖反對選議員，卻贊成普選總統，但主
張嚴格規定候選人的資格：

> 總統之選，非能自庸妄陵獵得之，必其嘗任方面與爲國務官者，功
> 伐既明，才略既著，然後得有被選資格，故雖以全國人民臚言推舉，
> 不至恂瞀而失其倫也。〔註107〕

全盤排去代議制後，章太炎即刻回到傳統的政法中尋求取代的辦法；茲分述
其主張如下：（一）原先由議員代表人民與政府商訂加稅的職責，章氏認爲可
由地方官「分區詢民」的方式取代之：

> ……凡因事加稅者，先令地方官各詢其民，民可則行之，否則止之，
> 不以少數制多數也。數處可否相錯者，各視其處而行止之，不以多
> 數制少數也。〔註108〕

在這「分區詢民」的辦法中，實可隱約看到「周社」外朝詢庶民制的影子。
或難之曰：「因事加稅，使地方官各詢其民，此亦叢脞之甚矣」，並不合用；
太炎應之曰：

> 今若訪問農民，亦自州縣問之，夫何叢脞之有？其工商則多屯聚都

---

〔註104〕〈代議然否論〉，《章太炎選集》，頁465。
〔註105〕同前引。
〔註106〕《國故論衡》（臺北：廣文書局，1977年），〈原道中〉，頁165。
〔註107〕〈代議然否論〉，《章太炎選集》，頁473。
〔註108〕同前文，頁475。

會,而數亦減于農,司與政府問之足矣,必不如頭會箕斂之碎也。……
其賦則相地衰征,自有差等……夫本不可齊者,則不齊亦無害矣。
工商轉販一物,而遠近貴賤不同,故亦相地而差賦稅……蓋具有廣
土者,不得無是見也。〔註109〕

他自亦深知分區詢民之法「繁碎」,但繁碎程度既與代議相若,而這個辦法卻能
體恤到人民因各地自然條件之差等而形成的經濟豐瘠之別,故章氏認為此制特
別適用於廣土之國。他說:遠西所以不採此制,是有其歷史背景的。因為西洋
中古封建領主擁有廣大田產,國王若欲加稅,只需召集地主開會,「不必與無稅
之佃客議也」,〔註110〕故終致形成代議制。中國社會經濟結構的特色是「農圃
自主者」居其大半,故主政者需採行「分區詢民」制,搜集廣大的意見:

中國土田,農圃自主者大半,逮地權平均以後,全國無地主矣,豈
有一人足以表六十萬人,七百人足以表四萬萬人者?……是故就賦
稅計,函胡以詢議員,不如分畫以詢齊民也。〔註111〕

其實這個制度是否可能執行是深值懷疑的。

(二)章氏主張以「法吏」取代議員維護人民的權益及「恤無告」的職
責;這與他的新法家思想是息息相關的:

民無罪者無得逮捕,有則得訴于法吏而治之,所以過暴濫也。……
民有集會、言論、出版諸事,除勸告外叛,宣說淫穢者,一切無得
解散禁止,有則得訴于法吏而治之,所以宣民意也。凡是皆所以抑
官吏,伸齊民也。〔註112〕

在太炎心目中,「法吏」(如御史及給事中)無議員的特權,卻有它的功能,
故可充份取代議員的職位。

(三)監督行政官之責,亦當「移於法司」。譬如監督並制衡總統的任務,
即可由「法司」及「學官」任其事。「法司」與「學官」是獨立的,故太炎並
稱總統、法司、學官為「三總統」。他說:

代議不可行,而國是必素定,陳之版法,使后昆無得革更。其事云
何?總統惟主行政、國防,於外交則為代表,他無得與,所以明分

---

〔註109〕同前引。
〔註110〕同前文,頁485。
〔註111〕同前文,頁481~482。
〔註112〕同前文,頁475。

局也。司法不爲元首陪屬，其長官與總統敵體，官府之處分，吏民
之獄訟，皆主之。雖總統有罪，得逮治罷黜，所以防比周也。學校
者，使人知識精明，道行堅屬，不當隸政府，惟小學校與海陸軍學
校屬之。其他學校皆獨立，長官與總統敵體，所以使民智發越，毋
枉執事也。〔註113〕

司法首長非但與總統相敵體，甚至還可以「逮治」總統，故他於西洋的三權
分立之外另主五權分立：

三權分立之說，現今頗成爲各國定制，然吾國于三權而外，並應將
教育、糾察二權獨立。〔註114〕

他的五權分立說並曾影響孫中山先生。

（四）爲避免法律只照顧既得利益階層或只照顧下階層，章氏認爲立法
權應交付法學家、史學家及「周知民間利病之士」參伍定之：

凡制法律，不自政府定之，不自豪右定之，令明習法律者與通達歷
史，周知民間利病之士參伍定之。所以塞附上附下之漸也。

法律既定，總統無得改，百官有司毋得違越，有不守者，人人得訴
于法吏，法吏逮而治之，所以戒奸紀也。〔註115〕

毫無疑問的，「法吏」是章氏所有政治理想及建制的捍護者及執行者，章氏特
別賦予他們公平、正義、守法……等功能，這個意向，早在《訄書》的〈商
鞅〉篇中已漸顯露出來，當他宣揚取消代議制時，它們更加突出，幾乎負起
了西方代議制的功能。由此可見章氏並不是要否定代議制的種種長處，但卻
主張由另一批人來肩負這個責任。

## 二、誅政黨

章太炎激烈反對「政黨政治」，在他看來，現代的「政黨」實質上無異於
古之「朋黨」，若容許政黨存在勢將嚴重干擾其所提倡的法家政治。故他提出
「誅政黨」；並結合「誅政黨」及反立憲、反代議等主張以全盤否定西方的議
會政治。

在光緒卅四年（1908）的〈代議然否論〉中，他以美國的政黨爲例，加

---

〔註113〕同前文，頁476～477。
〔註114〕〈中華民國聯合會第一次大會演說辭〉，《政論選集》（下），頁533。
〔註115〕〈代議然否論〉，《章太炎選集》，頁474。

以激烈的批評：

> ……外觀美政，總統更移，自臺閣以至抱案之吏，無不隨之更調，
> 此其朋黨比周，爲蠧已甚，故令貪夫盈于朝列，饕餮貢于大庭……。
> 要之，國有政黨，非直政事多垢黷，而士大夫之節行亦衰，直令政
> 府轉爲女閭，國事夷于祕戲，此蓋法家所深憙者。〔註116〕

晚明東林黨對政治上的不良影響，更給他留下深刻的印象。他說：「晚明……
黨人者，市朝之士，立行于朝，亦各政化文質所致，忿悁之心迎於其前」，這
些黨人但爲求名，「非誠甘死如嘗薺葉也」。〔註117〕章氏把西方政黨與中國古
代黨人合爲一談，多少是出於誤會。不過他反對政黨的信心極爲堅定，辛亥
革命前不久（1911 年 10 月 26 日），在檳榔嶼《光華日報》上，發表了〈誅政
黨〉一文，把當世黨人分爲七類，一一抨擊，章氏雖未直呼姓名，但一讀其
文，則康有爲、嚴復、梁啓超、馬良、孫中山等，皆隱然在目。他在此文中
並追溯中國古代黨禍史，尤其是漢、唐、宋、明四代；說：「明之季年，君荒
政非，閹尹用事，黨人婞直者羞爲之伍，抗節就直，略同桓靈之世，然桑蔭
未移，九服分崩，黨禍爲之也」，〔註118〕他並由歷代黨禍，得出一個結論：

> 歷觀史冊，凡四代有黨，漢明以之亡國，唐宋以之不振，朋黨之禍，
> 天下亦彰明矣。〔註119〕

認爲中國朝代之興衰與黨事之有無呈直接關聯。無怪他在民國元年先則要求
「革命軍起，革命黨消」，接著發表〈無黨總理〉論。〔註120〕這些主張，固有
現實政治因素爲背景，但也與他在辛亥革命之前發表的〈誅政黨〉說，有著
一脈相承的關係。


## 第四節　極端的平民主義

　　章太炎是一極端平民主義者，在這一思想基礎下，他非但反對代議士（認
係「豪民」）、商賈等，並激烈攻擊君王、英雄、官吏，此處擬對他這方面的
言論，試加綜述。

---

〔註116〕同前文，頁 479。
〔註117〕〈思鄉愿〉，《章太炎文鈔》（臺北：文海出版社，1969 年）卷一，頁 9～10。
〔註118〕〈誅政黨〉，轉引自《章太炎年譜長編》（北京：中華書局，1979 年），頁 352。
〔註119〕同前文，頁 358。
〔註120〕見《長編》，頁 412。

　　章太炎及劉師培都討論過「無君思想」，但其實質內容完全不同，思想來源亦有別。劉師培是推衍西方無政府主義，並援與晉的鮑敬言相比附；〔註121〕而章太炎則是以唯識論破君王的權威。在第二節已論及：章太炎認爲唯個體能有「自性」，凡組織或團體，皆非實在，故皆無自性。據此理論推而廣之，凡由個人之力所完成之事業，乃爲「尊貴」，凡由眾人之力和合而成者，則爲「猥賤」。他說：

>　　凡諸事業，必由一人造成，乃得稱爲出類拔萃，其集合眾力以成者，功雖炬赫，分之當在各各人中，不得以元首居其名譽，亦不得以團體居其名義。〔註122〕

凡集合眾力以成者，元首不得居其名譽，所以堯、舜、亞歷山大……等名君，亦皆與「炊薪作飯」者相若；其言曰：

>　　余以爲眾力集成之事，直無一可寶貴者，非獨莅官行政爲然，雖改造社會亦然。堯舜云，亞歷山德云，成吉斯汗云，華盛頓云，拿坡侖云、俾士麻云，於近世巴枯寧、苦魯泡特金輩，雖公私念殊，義利事異，然其事皆爲眾力集成，則與炊薪作飯相若，而代表其名者，視之蔑如，以比釋迦、伊壁鳩魯、陳仲子、管寧諸公，誠不啻蠛甲之於犀角。雖一術一藝之師，猶不足相擬也。夫竈下執爨之業，其利於烝民者至多，然而未有視爲神聖者，彼國家之事業亦奚以異是邪？尸之元首則頗，歸之團體則妄，若還致於各各人民間，則無過家人鄙事而已。於此而視爲神聖，則不異於事火呪龍也。〔註123〕

將國家之功業歸之元首或團體，俱是迷妄，依理應歸諸各各人民；故元首與百姓功勞相等耳，何神聖尊貴之有？章太炎認爲元首如果將所有功勞集攬於一身，則有如工場主人之剝削其傭工：

>　　若夫國家之事業者，其作料與資具，本非自元首持之而至，亦非自團體持之而至，還即各各人民之所自有，然其功名率歸元首，不然，則獻諸團體之中，此其偏陂不均，不甚於工場主人之盜利乎。〔註124〕

但是古往今來的君主元首們，卻都攬功於一身，故章太炎說凡人君者，則「剝

---

〔註121〕劉師培，〈鮑生學術發微〉，原刊《天義報》，收入《左盦外集》，見《劉申叔先生遺書》（臺北：京華書局，1970年），頁1766～1768。

〔註122〕〈國家論〉，《叢書》，頁904。

〔註123〕同前文，頁905。

〔註124〕同註122。

劫之類也」（詳後引）——他的權威、功業都是從所有人民的努力、功勞中奪取來的。他又認爲：君王的貢獻甚至不能與「疇人百工」相比；《國故論衡‧原道》曰：

> 君之不能，勢所跛矣，何者，辯別也。自己成藝，自己出器，自己造之，謂之能。待群而成者非能。

> 人君者在黃屋羽葆之中，有料民聽事之勞矣，心不兩役，欲與疇人百工比巧，猶不得，況其至珵察者。〔註125〕

此因匠人「自己出器，自己造之」，而人君一切「待群而成」之故。章太炎又說：

> 故夫處大官，戴神器者，佻人之功，則剽劫之類也，己無半技，則奄尹之倫也。〔註126〕

君王大官有如「奄尹」之卑賤，其所以不遭廢黜，「非謂天命所屬，與其祖宗之功足以垂遠也」，〔註127〕而是因老子所說的：「無之以爲用」。〔註128〕但「君人者」卻不覺悟，以爲「名實皆在己」而沾沾自善，〔註129〕實爲莫大之謬。

對於官吏，太炎亦貶之爲「僕役」。他說：

> 今即習政令最易，其他皆刳心。習易者擅其威，習難者承流以仰欷唾，不平，是故名家有去尊，凡在官者名曰僕役。〔註130〕

他認爲爲官乃凡百事業中之最易者，故特稱之爲「僕役」；「僕役則服囚徒之服，當其在官，不與齊民齒」。〔註131〕太炎既貶抑君王及官吏，又認爲平時不被重視的學術、文藝、技巧之屬，充份發揮了自我的創造力，應予全新的評價：

> 惟諸學術、文藝、技巧之屬高之，至於杜多苦行，皆由自立造成，非佗能豫，若是，斯足以副作者天民之號。〔註132〕

他們雖然「力不辯官府」，但「俗以之功，民以之慧，國以之華，其行高世，其學鉅子……權籍雖博，其尊當擬人主而已矣」。〔註133〕

---

〔註125〕《國故論衡‧原道》，頁166。
〔註126〕同前書，頁167。
〔註127〕同前引。
〔註128〕同前引。
〔註129〕同前引。
〔註130〕同前引。
〔註131〕同前引。
〔註132〕〈國家論〉，《叢書》，頁904。
〔註133〕《國故論衡‧原道中》，頁167。

前曾述及，章太炎認爲像拿破崙、華盛頓……等名君的功業，皆是合眾力所成，不足尊貴，故自然而然形成反英雄觀，在〈章太炎的白話文〉中說：「若專去仰慕英雄，就鄙卑的極了」。〔註134〕在〈非黃〉篇中，他又說：

> 英雄之爲言，與鬼神等，世有其名，本無其實也。〔註135〕

以鬼神來比擬英雄，則其反感可知。

章太炎除反對君王、官吏、英雄外，也反對商賈、豪民。堅決主張抑富扶貧，抑強扶弱。終太炎一生，對商賈、大地主始終懷有極大的敵意，故他對西方之以財富分階級始終不慊：

> 西方諸國，上者蕃侯，下者地主，平民皆不得與抗禮，其廢君主，立總統者，以貧富爲名份，若天澤冠履然……。〔註136〕

他提出唯自傭作，方得擁有其產業的構想：

> 田不自耕殖者，不得有。牧不自驅策者，不得有。山林場圃不自樹藝者，不得有。鹽田池井不自煮暴者，不得有。〔註137〕

故牧主、地主不得廣佔田產。又限制商人不得入官：

> 身及父子方營工商者，不得入官。不與其借政治以自利也。……皆所以抑富強振貧弱也。〔註138〕

壟斷田產的豪強，更爲他所抨擊；在〈馮桂芬祠堂記〉一文中，他便斥責馮氏爲豪民，不恤編戶之苦：

> 桂芬于蘇州，仕宦爲達，諸世族皆姻婭通門籍，編戶雖百萬，號呼之未徹于耳。〔註139〕

更有甚者，他反對重懲盜賊；曰：

> 輕盜賊之罪，不厚爲富人報貧者也。〔註140〕

太炎之所以激烈反對西方議會政治，其平民主義的主張亦是緣由之一。他認爲，西方的議員都是地主富豪，所以議會政治，實際上是給富豪合法的特權，以陵轢細民，其結果必至於「齊民乃愈以失所」，〔註141〕這在中國傳統中是不

---

〔註134〕《章太炎的白話文》（臺北：藝文印書館，1972 年），頁 39。
〔註135〕〈非黃〉，《叢書》，頁 708。
〔註136〕〈代議然否論〉，《章太炎選集》，頁 463。
〔註137〕同前文，頁 476。
〔註138〕同前引。
〔註139〕〈馮桂芬祠堂記〉，《章太炎文鈔》卷三，頁 12。
〔註140〕同前引。
〔註141〕〈總同盟罷工論序〉，《叢書》，頁 858。

曾出現的；其言曰：

> 若夫使高貲兼并之家，口含天憲，手司民命，則（中國）千載未有
>
> 一、二〔註 142〕

太炎歌頌「儒俠」，亦出於其平民主義精神。因爲擊刺者「當亂世則輔民」，替人民翦除壓迫他們的豪強：

> 天下亂也，義士則狙擊人主，其佗藉交報仇，爲國民發憤，有爲鴟
>
> 梟於百姓者，則利劍刺之，可以得志。〔註 143〕

「當治世則輔法治」可以濟法律之不足：

> 當世之平，刺客則可絕乎？文明之國，刑輕而姦諛，恆不蔽其辜，
>
> 非手殺人，未有考竟者也。康回滔天之在位，賊元元無算，其事陰
>
> 沉，法律不得行其罰，議官者厪而去之……當是時，非刺客而鉅姦
>
> 不息，明矣。〔註 144〕

故他盼望今後能復興儒俠之道，〔註 145〕以伸民怨，是說雖天眞，但亦可窺其精神。

章太炎在討論中國古代法律時，亦特別表現出平民精神來。他嚴厲責備唐律「雖寬，滯于階級，故黎庶屈，而縉紳伸」，〔註 146〕是貴族法律，不照顧平民。唯有「五朝法律」獨契其心，因爲它有「損上益下之美」，有「抑強輔微之心」。〔註 147〕在所有宗教中，章氏只推崇佛教，在〈大乘佛教緣起考〉中透露其因曰：「佛教本平民宗教」。〔註 148〕章太炎支持罷工運動，認爲行之足以使「豪民潰」、「階級墮」；他在爲張繼所譯的《總同盟罷工論》所寫的〈序〉中說：

> （罷工）……如是則政府崩，豪民潰，階級墮，資用散，生分均，
>
> 而天下始玄同矣。〔註 149〕

他又曾於宣統二年（1910）創辦《教育今語雜誌》，這個雜誌的「宗旨」中強

---

〔註 142〕同註 136。
〔註 143〕《訄書》，頁 8。
〔註 144〕同上。
〔註 145〕同上。
〔註 146〕〈自述學術次第〉（《自訂年譜》附錄，臺北：文海出版社，《近代中國史料叢刊》第六七二），頁 62。
〔註 147〕〈五朝法律索隱〉，《叢書》，頁 684。
〔註 148〕《叢書》，頁 907。
〔註 149〕同註 141。

調：「凡諸撰述，悉演以語言，期農夫野人，皆可了解」。〔註150〕從上面各方面都可看出其濃厚的平民精神。

　　章太炎雖然認為在一個政治體制中需有領導階層，但主張其地位完全與平民一樣，不當有尊卑分位之別，他說：

　　　　漢土學者，視政府無足重輕，然猶云尊卑有分，冠履有辯，君臣有等，雖無用而不可不立。不悟天高地下，本由差別妄念所生，一切分位，隨眼轉移，非有定量。如彼工巧畫者，以少采色間少采色，能令无高下中見有高下，乾坤定位，准此可知，名分之執，亦由斯破壞矣。〔註151〕

在太炎看來，這一切「尊卑」「分位」都是假的，是由「差別妄念」產生的，決非實存之物，故主張破此「名分之執」。他推崇務光、許由能做到這一點：

　　　　太上有許由、務光之讓王，其次不臣天子，不右諸侯，內則勝貪，外之使人知工宰為世賊禍。〔註152〕

章氏受唯識學影響，對所有的尊卑、階級、名分的判別都表懷疑，〔註153〕而且將它們落實運用到政治理論上來。不過實際上他還是承認「君臣有等，雖無用而不可不立」（前引），故只能在尊卑上要求達到平等而已。他雖然高呼「有君為不得已」、「其極至于無王」，〔註154〕但他還是承認必需有君王；故他的打破尊卑分位之思想，事實上只能是對統治階層的一種「抗議」而已；蕭公權形容「章氏之政治思想乃一深切沉痛而微妙之抗議也」〔註155〕洵屬的言。

## 第五節　尊重傳統政法美俗

　　章太炎強調，政治本無固宜，只要「約定俗成」則謂之「宜」。其言曰：

　　　　由今觀之，典常法度本無固宜，約定俗成，則謂之宜矣。生斯世為斯民，欲不隨其宜而不可……。〔註156〕

〔註150〕轉引自《章太炎年譜長編》，頁321。
〔註151〕〈國家論〉，《政論選集》，頁363。
〔註152〕《國故論衡·辨性上》，頁205。
〔註153〕參見《國故論衡·明見》，頁193。
〔註154〕《齊物論釋》（重訂本），《叢書》，頁383。
〔註155〕蕭公權，《中國政治思想史》（臺北：中華叢書出版事業委員會，1954年），頁869。
〔註156〕《菿漢微言》，《叢書》，頁945。

故政治家不可「懸擬一法」〔註157〕以治民。所謂「懸擬一法」，即是根據抽象的，或個人隨興的，未經考驗的學說，制定一套新的制度以約束百姓。

章氏認為，決定制度是否變革的基礎有二：一、習俗傳統；二、人民的欲求，這兩點構成了「萬物之規榘」，為政者只能順應此規榘，而不可任私智以決然否。在《國故論衡‧原道上》，他充分說明了這個想法：

> 萬物莫不有規榘，議言之士，計會規榘也。聖人盡隨於萬物之規榘，
> 故曰不敢為天下先。……其要在廢私智絕懸殊，不身質疑事而因眾
> 以參伍。〔註158〕

故他心目中理想的主政者是「史官周于國聞者」，〔註159〕易言之，即深通傳統而又周知當時的民情者，始能不以私人意見作為決策之依據。

章太炎認為法律或制度是與習慣及風俗息息相關的，而風俗與習慣又是長期發展而成的，它們有數世紀甚至於更深遠的根源及基礎。如果習慣與風俗不改變，主政者或立法者也不許在一夕之間加以全盤改變，即使「舊貫」不善亦然：

> 夫舊貫或以致貧弱，民心所安，則未可驟以新法變易也。……是故，
> 欲更新者，必蒙其故……然後，政無戾民，法無輔惡矣。〔註160〕

前面已經說過，章太炎認為政法無「定式」，「約定俗成」即為相宜，故主政者必需小心謹慎，密切而具體的注意全體社會發展的傾向，以決定他的措施，不可以個人的意見凌駕於人民的意願之上。故民國成立之後，他建議新政府當派大員巡視各行省，「以周知天下之故」：

> 謂政府當遣十數大使于各行省，分科巡視，知其政俗，以告于執政，
> 以周知天下之故，其清政府退官廢吏，審知向日利病者，政府固當
> 引為顧問，議院亦當取為師資。〔註161〕

又責備民初的參議員不能周知民情以作為立法定制的依據，而只是整天從事法條辯論：

> 重以國家初造，典章未成，談者一切不計實狀，其得失可知也。民
> 生風俗，日陳于前而可見也。不據近事判其利害，而惟以形式虛言，

---

〔註157〕〈先綜核后統一電〉，《政論選集》，頁550。
〔註158〕《國故論衡‧原道上》，頁160。
〔註159〕同前引。
〔註160〕〈先綜核后統一電〉，《政論選集》，頁551。
〔註161〕同前引。

> 橫相籠罩，離于質驗……然則營于小辯，其言辭自不得不煩，而大
> 體有所不皇規劃。〔註162〕

放著「民生風俗」不去觀察，只以「形式虛言，橫相籠罩」、「本其矜己之心，伐其異同之辯，以廢大猷而校細故」，則此參議院「烏能爲政府輔車而通上下之睽隔哉？」〔註163〕

　　章太炎於民國元年反對陽曆案，爲其尊重傳統政法美俗思想提供了一個最佳的說明。是年一月五日，章氏在《大共和日報》上發表宣言，反對改用陽曆，而他個人實際上是深知陽曆便於陰曆的，他之所以反對改曆，是因爲「陰曆」爲人民所習用之舊貫，欲改變人民的舊貫，必須「決于民議」，而決議改曆的「參事會」，「大半即各省督府代表之變名，既非國民公選，何有決議改曆之權」。〔註164〕他說：

> ……凡事當決于民議，不決于是非。僕非反對陽曆，乃反對用陽曆
> 者之不合法制。〔註165〕

政府想改變人民的舊習慣，就需要全體人民決議，不是立一條新法就解決了。這個例子充份體現了章氏所主張的：制法立度必需建立在舊貫及民情的基礎上，而不可持法令化民的精神。爲了要能適應中國的習俗及民情，他主張民國的政治法律，不應仿襲法、美，而是應配合固有的風俗習慣，「繼起爲第三種」：

> 政治法律，皆依習慣而成，是以聖人輔萬物之自然而不敢爲，更要
> 在去甚、去奢、去泰。若橫取他國已行之法，強施此土，斯非大患
> 不靈者弗爲。民主立憲，本起于英，其后他國效之，形式雖同，中
> 堅自異。民主立憲，起于法，易于美，中國當繼起爲第三種，寧能
> 一意刻劃，施不可行之術于域中耶？〔註166〕

在章太炎看來，政府規範並不是一開始就在那裏的（found），而是日積月累逐漸形成的（shaped）。故制定任何法令規章都必須將歷史境況考慮進去，決不能空懸一理而要所有人民來遵守。在人類歷史上已出現過無數這類政治家，他們執持一套政治計劃（或玄想），強要將人類社會改造成絕對完美的社會，他們強將其理想（或玄想）分配給每一個人，完全不顧這些「理」是

---

〔註162〕〈參議員論〉，《政論選集》，頁573。
〔註163〕同前文，頁574。
〔註164〕〈宣言十〉，《政論選集》，頁539。
〔註165〕〈宣言十一〉，同前書，頁547。
〔註166〕〈大共和日報發刊詞〉，《政論選集》，頁537。

背離了人的正常生活及民情舊慣，這種空懸一理以化萬民的改革使人類付出了最慘重的代價。對這類行動，章太炎完全不能贊同，在他看來，政治是關係人民血肉之事，不是談玄論理，能使人民正常生活的政治即是偉大的政治，故不必幻想著爲廣大人民建造一所他們住不進去的華屋。多少是爲了這一緣故，章氏在舉國醉心於引進西方代議政治時，獨「堅持」中國傳統的政法美俗，希望在固有的基礎上發展出獨特的政治型式。

# 第六節　新法家

## 一、名法之治

章太炎的新法家思想是建立在其人性理論上的。章氏門生朱希祖的《日記》上有一條云：「太炎講人之根性惡」，〔註167〕他的記錄十分可靠，章氏曾親自敷衍此一觀點；其言曰：

> 當魏武任法時，孔融已不平于酒幾，又著論駁肉刑。……凡法家，以爲人性忮騃，難與爲善，非制之以禮，威之以刑、不肅。故魏世議者言，凡人天性多不善，不當待以善意，更墮其調中。惟杜恕恭聞之，而云己得此輩，當乘桴蹈滄海，不能，自諧在其間也。恕爲〈興性論〉，其書不傳，推校之，則爲主性善者，其作〈禮論〉，自謂疏惰飽食，父憂行喪，在禮多愆，孝聲不聞，荀卿所謂順情性而不事禮義積偽者也。〔註168〕

魏武主「人天性多不善」，故力倡「審正名法」；孔融、杜恕主性善，故不滿魏武的名法之治；這是兩派政治思想的鬥爭，而太炎站在魏武這一邊，亦認爲「人性忮騃」，「非制之以禮，威之以刑，不肅」；〔註169〕故在政治上，他是一重視刑名（兼又吸收道家思想）的新法家。他說：

> 鋪觀載籍，以法律爲詩書者，其治必盛，而反是者，其治必衰。

〔註170〕

---

〔註167〕《朱希祖日記》光緒卅四年三月二十二日條，轉引自《章太炎年譜長編》（北京：中華書局，1979年），頁291。
〔註168〕《檢論・學變》，《章氏叢書》（臺北：世界書局，1958年），頁548。
〔註169〕同前引。
〔註170〕〈官制索隱〉，《叢書》，頁690。在這篇文章中的「古官制發源于法吏」一節，

他認爲二千年來，中國士大夫之所以不敢講法家，是因將「刀筆吏」與「法家」混淆之故。事實上眞「法家」與一意講刑的「刀筆吏」不同。法家是主張「以刑維其法，非以刑爲法之本也」，〔註171〕故「法家」者流，其實就是西方所謂政治家也。〔註172〕爲「法家」與「刀筆吏」重作分殊，是章氏政治思想中的一大環節。他是透過對李斯、張湯、明太祖、黃宗羲的批判及對商、荀、韓的重新肯定，來進行這件工作的。

早在《訄書》原刊本（光緒二十四年，1898年左右）中，便有爲「中於讒誹二千年」的商鞅辯護之文字，認爲他「魁壘骨鯁，能守法度」，是講法治的法家，不是膠於刑律之「刀筆吏」，與張湯之流，刻苦鍛鍊，終日持鼎鑊以宰割其民者，截然不同。正統的法家作風是：「盡九變以籠五官，覈其憲度而爲治本，民有不率、計畫至無俚（案：即無可聊賴），則始濟之以攫殺援噬」，〔註173〕易言之，即以守法爲先，刑殺爲輔，對專制君王還造成相當大的制衡力量。「刀筆吏」如張湯者流則反是。他們「專以見知腹誹之法震佈臣下，誅鉏諫士，艾殺豪傑，以稱天子專制之意」。這等「刀筆吏」玩法酷刑，不過是爲了侍候專制天子之私意好惡，「任天子之重征歛恣調發而已」、「有拂天子意者，則已爲天子深文治之」。〔註174〕所以，知「大法」的法家與只知狴獄之制的刀筆吏之間應作嚴格的劃分。〔註175〕太炎責怪二千年來只見商鞅初政之酷刑，而不考其後之成效，把他與漢以來大量出現的刀筆吏混爲一談，極不公平。〔註176〕

在章太炎的政治思想體系中，「法官（吏）」是所有法度的執行者、正義的化身，以及全社會穩定和諧的捍護者。但是「法官（吏）」應如何產生呢？他認爲應「由明習法令者自相推擇」：

……諸司法官由明習法令者自相推擇爲之，咨于政府，不以政府尸其黜陟。夫長吏不奸裁判之權，則無由肆其毒，司法官不由朝命，亦不自豪民選舉，則無所阿附以戲其文，如是而民免于陘杌

---

章氏認爲人類文化是發源於法吏，見頁689～690。
〔註171〕《訄書》（臺北：世界書局，1971年），〈商鞅〉，頁130。
〔註172〕同前引。
〔註173〕同前引。《訄書》原刊本與重印本此篇內容全同。
〔註174〕同前引。
〔註175〕同前文，頁131。
〔註176〕同前文，頁131～132。

矣。〔註177〕

章太炎對「政府」及「議士」完全不信任，而只相信「明習法令者」。但並未進一步談到由誰來制衡法吏。

章氏並對法律的實際運作提出建議。首先認為法官頒行的律文，必需「簡正」。《國故論衡·原名》篇曰：

> 唇刑之本，在于簡直，故必審名分，害名分者，必忍小理，古之刑
> 書，銘之鍾鼎、鑄之金石，所以遠塞異端，使無淫巧。〔註178〕

章氏著有〈說刑名〉一篇，考出古代刑名語有「文」、「質」之別，強調刑法應從「質」，切不可從「文」。〔註179〕若法條的名實分際未能講明，則人民「迷眩」，刀筆吏必玩法其間。故他說：「孔子為政於衞獨先正名」，〔註180〕即是先整頓衞的刑律，使之從「質」，而後政可平；孔子的正名思想被太炎落實到法治上。此外他認為執法必嚴格，然後「足以救弊扶衰……而盛唐專制之政，非不可致理」。〔註181〕故清末士大夫力倡的「省刑」之議最為他所反對。至於逾法而行，或以令代法，就更非其所能容。太炎本來就主張國家係不得不有而非所應有的，故他對政府的功能所抱持之最高理想，只是維持穩定和諧的政治秩序而已。〔註182〕因此，他反對於常法之外，出新法令以求速功，而認為一切當以法斷。故主政者的「手詔」、「中旨」無論有益時政否，皆不得出：

> 事以法斷而無上請，手詔中旨皆不得出也。〔註183〕

主政者不能有自己的好惡，君民之間，亦不必相愛，君守法，民亦守法，君民塊然循于法律之中，法律自然會指揮這部國家機器穩定的運轉著。

章太炎認為行法家政治時必需遵守一最後不可踰越的原則 —— 不可為國家犧牲了人民。他是很稱賞韓非的，認為他能「不踰法以施罪」，〔註184〕

---

〔註177〕〈代議然否論〉，《章太炎選集》，頁464。

〔註178〕《國故論衡·原名》，頁174。

〔註179〕〈說刑名〉，《叢書》，頁693。

〔註180〕同前文。章太炎強調：「繩墨之斷例，非窮理盡性之書也，故文約而例直，聽直而禁簡。例直易見，禁簡難犯。易見則人知所避，難犯則幾于刑措」，見《國故論衡》，頁174。

〔註181〕〈政聞社員大會破壞狀〉，《政論選集》，頁374。

〔註182〕請見〈國家論〉，《叢書》，頁906。

〔註183〕〈非黃〉，《叢書》，頁708。

〔註184〕〈釋戴〉，《章太炎文鈔》卷一，頁13。

甚爲可貴，但他認爲韓非踰越了法治的最後不可踰越原則。他說：韓非爲使國治政理，竟提出「六反五蠹」，使「其民不人」，即是所謂「以眾暴寡」：

> 今無慈惠廉愛，則民爲虎狼也，無文學，則士爲牛馬也，有虎狼之民，牛馬之士，國雖治，政雖理，其民不人，世之有人也，固先於國，且建國以爲人乎？將人者爲國之虛名役也。〔註185〕

照太炎的說法國家本來就是個空殼子，韓非爲了國家犧牲人民，是爲「國」之虛名所役：

> 韓非有見於國，無見於人。有見於群，無見於孑。政之弊，以眾暴寡，誅巖穴之士。法之弊，以愚割智，無書簡之文，以法爲教，無先王之語……。〔註186〕

在他看來判斷法治是否合理的唯一標準是人民存在的感受。

## 二、綜核名實

在人事行政上，章太炎極重「名實之辨」。這一方面，他受了荀子的〈正名〉篇極大的影響。荀子所說的「名」，相當於邏輯上所說的「概念」或「名言」，是人們用以在思想或言語中代表客觀事務的，也就是用來「指實」的。「名」必需能精確的表現「實」，故「名」一旦確定，則所指之實即可緣以辨別清楚，而不致於混淆。〔註187〕但是，荀子賦予了「名」超過邏輯推論以外的功能，認爲它與社會國家之安定有關。把「名」論運用到實際政治上的情形，可舉魏晉之「名理論」爲例。沈寂了五百餘年的名學，到了魏晉，研究者風起雲湧，他們除了純學術的興趣外，最重要的是政治上的需要。「名理家大抵以名辯方法，考察名與實之關係，作爲推行正名與循名核實政治之張本」、「企圖在原則上決定選舉和人與職位配合的標準」，以做到「官無廢職，位無非人」的地步。〔註188〕

章太炎與魏晉名理論者相近，主要也是把名論運用在官人上。他以「名實相符」爲用人之唯一標準，認爲「名」不可信，要尚「樸」〔註189〕、任「質」

---

〔註185〕《國故論衡・原道下》，頁170。
〔註186〕同前引。
〔註187〕陳大齊，《荀子學說》（臺北：華岡出版有限公司，1971年），頁120。
〔註188〕唐長孺，〈魏晉玄學之形成及其發展〉，收在《魏晉南北朝史論叢》（北京：三聯書店，1955年），頁320～322。
〔註189〕《國故論衡・原道上》，頁163。

〔註190〕、崇「實」，〔註191〕故他主張用人時「不尙賢」。在魏晉人物中他特別
推重嵇康，好刑名之學，深抑虛浮之士，又推重杜預「爲黜陟課，云使名不
越功而獨美，功不後名而獨隱」，亦有不尙賢的遺意。〔註192〕他對謝安評價較
低，亦因他不綜名實。〔註193〕章氏一生在政治方面最佩服諸葛亮，亦因諸葛
亮能嚴格守法，循名責實：

> 諸葛治蜀，庶有冥符。夫其開誠心，布公道，盡忠益時者，雖讎
> 必賞，犯法怠慢者，雖親必罰。服罪輸情者，雖重必釋。游辭巧
> 飾者，雖輕必戮。庶事精練，物理其本，循名責實，虛僞不齒……。
> 〔註194〕

章太炎認爲只要徹底執行名法之治即可達其心目中的理想社會。這一社會的
輪廓是賞罰一致，但容許每個人保有自己的好惡，〔註195〕對此他在《國故論
衡‧原道》篇中做了進一步闡述，說：

> 推萬類之異情，以爲無正味正色，以其相伐，使並行而不害。……
> 各適其欲以流解說，各修其行以爲工宰，各致其心以效微妙而已矣。
> 政之所具，不過經令，法之所禁，不過姦害，能說諸心，能研諸
> 慮……。〔註196〕

簡言之：法治的最高境界是在嚴格法律的保護下，人人都得以自由發展其個
性，從事適合其才性的工作而不是硬性規定每個人應該做什麼：

> 國有群職，王公以出治，師以式民，儒以通古今，合會文理，百工
> 以審曲面勢立均出度，其權異，其尊不異，地有九州，賦不齊上下，
> 音不齊清濁，用不齊器械，居不齊宮室，其樞同，其取予不同，皆
> 無使相干也。〔註197〕

這個以不齊爲齊的法治世界，是他追求的「大清明」。

---

〔註190〕同前文，頁162。
〔註191〕同註189。
〔註192〕《國故論衡‧原道上》，頁162。
〔註193〕同前引。
〔註194〕同前文，頁161。
〔註195〕《國故論衡‧原道下》，頁172。
〔註196〕同前文，頁171。
〔註197〕同前引。

# 第七節　齊物思想

　　章太炎一生在社會政治上的終極關懷是如何使人民達到平等，他的《齊物論釋》將其獨特的平等思想發揮得很詳盡，也最能代表章氏溶會佛、莊的成果。若無佛學的洗禮，他不可能斥破名相之拘絆，但若無莊子〈齊物論〉，則章氏永遠只能以虛無終其生，而不能對現實世界作一進步之肯定。茲就「齊物」的方法與境界分二小節述之。

## 一、如何到達齊物之境

　　章太炎云：所謂「齊物」，即是「齊不齊以爲齊」，易言之即任萬事萬物之不齊。他說在此一狀況下，人類真正達到徹底的「自由」、「平等」。而欲達齊物，必需破除現實世界中的一些蔀障。關於這一點，章氏指出了三個方法：

### （一）「滌除名相」

　　中國古代哲學中，本有傾向「無名」的一支，〔註198〕他們大體認爲「名」既是「約定俗成」之物，則本非實有，自然可以破除或推翻重建。章太炎主要受了唯識學之影響，認爲一切「名相」皆由人內心計度分別而起，〔註199〕它只是我們日常生活中對自然環境、他人、自己等一般行爲的假定；正因是「假定」，故「名相」實際上是無實的。但人通常卻執這無實的「名」以爲「實」，因而受到拘絆。他說：

　　　　名映一切，執取轉深。〔註200〕

人類日常的一些執著，根本只是執虛假的「名」，這等於是說人類是過著「不真實的生活」。太炎主張破除名相以封執，也就是打破平常「視爲當然的世界」（World-taken-for-granted）的拘束，而直接「以物付物」，也就是要人們去面對事物最本質的層面。他舉「畫工爲圖」作例，來描述「名相」是由人心計度分別而起，非有實物，說：

　　　　若畫工爲圖矣，分間布白；襟采調之，使無高下者而有高下，使無

---

〔註198〕如莊子、列子、老子、楊朱皆傾向無名論。詳請見楊筠如《荀子研究》（臺北：商務印書館，1974 年），頁 62～63。

〔註199〕關於這個問題，熊十力的《佛家名相通釋》（臺北：廣文書局，1974 年）有很完整的疏釋。請見該書卷下，頁 17～20。

〔註200〕《齊物論釋》，《叢書》，頁 381。

　　窣突者視之窣突。……是有分無分，均也。〔註201〕
故所有的高下差別，就如「畫工爲圖」一般，是人心憑空造出的，並不一定
有實在的根據，故「於無度立有度，是度爲幻」。〔註202〕譬如「位號」，原本
是虛幻，但文明人卻視爲「實」。且愈文明愈受其拘絆，他說：

　　輇生者無君臣吏民之號，有之亦亡重輕。有文教者，其位號滋多，
　　今人言名者，或以名有虛實異，聲譽之謂虛名，官位之謂實名，夫
　　名則盡虛也……名且言實，則是以影爲形也……〔註203〕

像「官位」本只是一個虛的名相而已，但文明人卻視爲神聖不可侵犯，實無
異於「以影爲形」。又說：

　　輇生者，或無文字，有之日足以記姓名簿籍而已，有文教者，以文
　　字足以識語言，故曰，名者聖人之符，其轉執者，或諱其君親之名，
　　或刻楮印布以爲金幣……以文爲實，此又輇生者所不執也。〔註204〕

又如旌旗或君王畫像，原只是虛物，但卻有人爲它效死；章太炎舉了一個例子：

　　……或置其君之畫像於橫舍，莫夜火發，其師既跣足出，返復翼奉
　　其君之像，若救其君之身者，竟以燔死。〔註205〕

苟有爲救一幅畫像而死者，眾人皆感蠢不可及，但事實上，人類日常正被無數
類似的虛假名相所絆而不自知。章氏認爲：許多的不平等與紛爭，事實上就都
因執著這虛假的名相而起，故必需滌除名相，以絕不平等與紛爭之附著處。

### （二）「體非形器」

　　這個玄奧的名詞究竟如何解釋呢？章氏從光緒卅二年（1906）左右起，
便很有體系地辯破人格神與非人格神的宗教，認爲它們是憑空虛造的。神學
就好比一個畫家在一塊扁平的畫板上試著把深度表現出來，遠看是立體的，
其實是錯覺。在〈建立宗教論〉一文中，他曾詳論此點：

　　自來哲學宗教諸師，其果于建立本體者，則于本體之中，復爲之構
　　畫內容，較計差別，不悟其所謂有者，乃適成遍計所執之有。于非
　　有中起增益執，其本體即不成本體矣。〔註206〕

---

〔註201〕《國故論衡・明見》，頁 192～193。
〔註202〕同前文，頁 192。
〔註203〕《國故論衡・辨性下》，頁 212。
〔註204〕同前書，頁 215。
〔註205〕同前文，頁 214。
〔註206〕〈建立宗教論〉，《章太炎文鈔》卷二，頁 2。

故所謂「體非形器」，易言之，即破「本體」；此處所謂破「本體」亦即破除宗教體系。因為章太炎始終認爲宗教是束縛人之自由與造成不平等的淵藪；其言曰：

> 惟神之説，崇奉一尊，則與平等絕遠矣。〔註207〕

太炎之所以認爲神教是不平等的淵藪，一方面是因信徒匍匐於神之前，關係一如主奴；另方面是因信徒自居爲正統，而把非信徒貶成異端，只要正統異端之名成立，便無處不發揮其優越感，故他說：「欲使眾生平等，不得不先破神教」。〔註208〕

### （三）「理絕名言」

亦即不承認有一至高無上的理的存在。在第二節中曾討論到：章氏認爲所有高高在上的理或法則，都將嚴重的壓制個人，故章氏不願承認在這世界上，有一首出群倫的「理」，可以籠制全部；他說：

> 不可據理以定是非黑白之相。〔註209〕

但這不是要抹煞所有的「理」，而是要求容許人人物物各有一「理」。易言之，即各各擁有一「標準」。他說：

> 夫莊生之言曰，無物不然無物不可，與海格爾所謂事事皆合理，物
> 物皆善美者，詞義相同，然一以爲人心不同，難爲齊繫，而一以爲
> 終局目的，藉此爲經歷之塗，則根柢又絕遠矣。〔註210〕

他認爲所有的眞理中，並沒有一個高高在上，眞正的眞理或標準，更不該有人執這個理，統領一切，概括一切，要求所有人達到其標準，而又不許所有人逾越其標準。〔註211〕每一個個體都可以有他自己的標準（道）及對眞理的看法，而每一個標準（道）都應受到同樣程度的尊重，任何人不但要尊重大家相同的地方，也要尊重各自不同的地方，並且不許用任何手段（不管是強制或善意的幫助）要求別人變得與自己相同。

以上三個途徑，皆以破除種種造成個體不自由、不平等的束縛爲目標。太炎一方面要求人把「文」「野」「聖」「凡」等分別打破；另方面要求對每一

---

〔註207〕〈無神論〉，《叢書》，頁865。
〔註208〕同前引。
〔註209〕《齊物論釋》，《叢書》，頁355。
〔註210〕〈四惑論〉，《叢書》，頁897。
〔註211〕案：這裏使用「標準」一詞是借自錢穆〈道家政治思想〉，收入《莊老通辨》
　　　　（臺北：1973年），頁105～109。

個體的差異點保持同情的理解與尊重。他認為在這樣的世界裡，人才可能獲得非西方定義下的真正自由與平等。

## 二、「齊物」的境界

章太炎描述齊物之境界的言論不少，今分五點，敘述如次：

### 第一、平齊人類的好惡

太炎說：「夫能平齊人之好惡……斯天下之至高也」，〔註212〕但這不是要求人的好惡一致，而是同意每個人都要能保有其特殊的好惡，不相干犯。他說：

> 若能循齊物之眇義，任夔蚿之各適，一人百族，勢不相侵，井上食李之夫，犬儒裸形之學，曠絕人間，老死自得，無宜強相陵逼，引入區中，庶幾吹萬不同，使其自己。〔註213〕

故即使「恢詭譎怪」之人，亦得承認他與正常人具有同等的尊嚴與價值，既不可歧視，也不必想要改變他。

### 第二、不以「文」「野」為分辨「是」「非」的標準

其言曰：

> ……今之言文明者，非以道義為準，而以虛榮為準，持斯名以挾制人心，然人亦靡然從之者，蓋文明即時尚之異名，崇拜文明即趨時之別語。吾土孔子，為聖之時，後生染其風烈，雖奮力抵拒者，祇排其階級禮教之談，而趨時之疾固已淪於骨髓，非直弗擊，又相率崇效之，然則趨步文明，與高髻細要之見相去有幾？誠欲辨別是非者，當取文明野蠻之名詞而廢絕之。〔註214〕

所謂「文明」本只是「趨時」之代語，不一定是善美，野蠻亦非真惡，故誠欲辨別是非，當不存文野之分。在太炎看來，「文」「野」之間是沒有一套共同標準可資比較的。

更且，章氏認為：文野之分，實招禍端，西方帝國主義侵略東方，實因他們自認為是「都」者、「嫺」者，而視東方為「野」者、「陋」者，故欲以己之「嫺」改變東方之「陋」，實際上引來戰爭流血，但他們自己卻又崇飾高名，自居為東方國家的拯救者；其言曰：

---

〔註212〕〈無政府主義序〉，《政論選集》，頁383。
〔註213〕同前文，頁384。
〔註214〕〈復仇是非論〉，《叢書》，頁793。

> 世法差違，俗有都野，野者自安其陋，都者得意于嫺，兩不相傷乃
> 爲平等。小智自私，橫欲以己之嫺奪人之陋，殺人劫賄行若封豨，
> 而反崇飾徽音，辭有枝葉……。〔註215〕

如果能抱持「齊物」思想，進步者自進步，落後者自落後，兩不相傷，則這
些因「善意」而起的爭端盡皆止息矣。

### 第三、泯絕聖人與異端之分

在《菿漢微言》中有一則論聖凡智愚之別的：

> 陸子靜言東海西海聖人，此心同，此理同，通論總相，其說誠當，
> 至若會歸齊物，和以天倪，豈獨聖人，即謂東海有菩薩，西海有凡
> 夫，此心同，此理同，東海有磨外，西海有大覺，此心同，此理同，
> 可也。……如水與波，非是二物，如麻與繩，非有二性，執著即是
> 磨外，離執便爲聖智，是故世俗凡聖愚智諸名，皆是程度差違，而
> 非異端之謂也。〔註216〕

他認爲聖凡愚智之間只有程度上的差違，原來非是二物，其心同，其理亦同，
聖者沒有理由視凡者爲異端，智者亦無理由視愚者爲異端。世界上的種種紛爭
總是因各種差別而起，人們動輒稱人爲異端，一旦正統與異端之名立，接著便
是合情合理的以種種酷虐不道之法相鬥爭，卻不悟這層分別原來是虛妄的。

### 第四、所有職業都有同等的尊嚴

章太炎曰：

> 不學稼者，仲尼之職業也，因是欲人人不爲稼，可乎？勤四體分五
> 穀者，荷蓧丈人之職業也，因是欲人人爲稼，可乎？吏農陶冶展轉
> 相資，必欲一人萬能，勢所不可，自政俗觀之，九兩六職平等平等，
> 自學術觀之，諸科博士平等平等，但於一科之中則有高下耳。〔註217〕

人類因才性不同，故所司不能不異，但理想上應該是每一職業都平等的，不
應有尊卑之分，只有在同一職業之中，才可有高下之判。

### 第五、不行絜矩之道

太炎嘗認爲儒家忠恕之道，合於齊物。《論語》中討論忠恕，消極的意義
是「己所不欲，勿施於人」，積極的一面是「己欲立而立人，己欲達而達人」。

---

〔註215〕《齊物論釋》，《叢書》，頁349。
〔註216〕《叢書》，頁949。
〔註217〕《菿漢微言》，《叢書》，頁947。

但章太炎所同意的「忠恕」之道顯然與傳統儒家有異,「己所不欲勿施於人」固為他所同意,但「己欲立而立人,己欲達而達人」卻不為他所接受,此由他批判「絜矩」之道即可知矣。《論語》的忠恕思想和《大學》的「絜矩」之道實互有通塗;所謂「絜矩」之道,簡言之,即「君子必當因其所同,推心度物,使彼我之間,各得分願,則上下四方正,而天下平矣」,〔註218〕但章太炎不同意;他說:

> 徒知絜矩,謂以人之所好與人,不知適以所惡與之。〔註219〕

己所不欲,勿施於人,己所欲,亦不可施於人;己固以所好施之他人,但可能適以其所惡與之,而且,這是持自己的「理」或「標準」以約束他人的第一步。太炎早已從人類慘痛的歷史經驗中看出這種希望別人跟我一樣好的「善意」所造成的大災難。

太炎早年(1897)寫過〈平等論〉,對引一刀齊式的「平等」深加非難,〔註220〕經歷十餘年(案:指1910年撰成《齊物論釋‧自序》),他所提倡的「平等」(齊物)還是「以不齊為齊」,仍舊不是引一刀齊式的,這是他的思想中極為耐人尋味之處。

〔註218〕朱熹《四書集註》(臺北:臺灣書店,1959年),《大學‧傳之十》章,頁9～10。

〔註219〕《菿漢微言》,《叢書》,頁940。

〔註220〕見《章太炎政論選集》,頁115～117。

# 第六章　對儒學傳統之衝擊及影響〔註1〕

　　從現代眼光看來，章太炎是一個奇特的複合體，他的思想中既有著復古的思想，同時卻又散佈了大量反傳統的種子，其實，從某一層面看來，這兩者並不互相矛盾。歷史上具有批判力量的思想並不一定是嶄新的，只要一種思想與該時代流行的思想有著落差，便可以對該時代起批判作用。故復古與趨新皆可以形成批判力量。章太炎曾說「復古」即是「趨新」，用梁啓超的詞彙來說，即是「藉復古爲解放」。他所說的「復古」，即是要回到尙未罷黜百家獨尊儒術的先秦，重新以那個時代的角度衡量孔學。所以他引先秦諸子的記錄作爲認識儒學的依據，以致有〈諸子學略說〉之作。在這篇關鍵性的文字中，我們可以很容易看出「復古」與「返傳統」的複合。長期以來，章氏已被視爲傳統文化的代言人，但他實際上已逐步背離了傳統。我們甚至應該這樣說：在「傳統主義者」這一外殼裏所裝著的已經是與過去大家所認定的「傳統」非常不一樣的內容。章太炎的思想實代表著傳統文化瀕臨崩潰的前夜，在他的一些思想繼承人手上，「傳統」像粉一般碎開了。本章即擬討論章氏反孔思想之形成過程，及他將六經加以歷史文獻化、復活異端，以及上述作爲對中國近代思想界的影響。

## 第一節　〈訂孔〉篇的成立

　　章太炎早年受康有爲的影響，竭力尊孔，在他脫離康、梁兩年多後（光

---

〔註 1〕　由於這些言論中，固有一大部份是章氏刻意攻擊傳統的，但更有一小部份可
　　　　　說是無意識的，所以此處選用「對傳統權威的衝擊」，而未用「反傳統思想」。

-117-

緒廿五年，1899）所寫的〈儒術眞論〉中還可以看出這一痕跡；他說：

> （孔子）始元終麟，而河圖不出，文王既衰，其言皆以共主自任，
> 非圖讖妄言也。〔註2〕

此時猶繼承今文家言，推尊孔子爲中國之「共主」，則其意態可知。可是五年後（光緒卅年，1904），他的《訄書》重印本中卻出現了〈訂孔〉篇，大力抨擊孔子。

由於《訄書・訂孔》篇是章太炎第一篇詆孔之作，關係其一生思想變遷至鉅，故如能考清它的寫作歷程，明其思想授受，都將有助於釐清章氏反孔的原因。更由於章氏在〈訂孔〉篇中，引述了日本學者遠藤隆吉與白河次郎激烈批評孔子的話，故令人產生一個疑問：章氏的反孔思想是否因受到日本學界的影響而起？這個問題極關重大，牽涉非常複雜。

今先考〈訂孔〉篇成立的年代。章氏的〈訂孔〉篇並未標明寫作時間，但由底下兩種資料，可以推出梗概。《訄書》（重印本）扉頁上有一條識語云：

> ……及去年作〈答康有爲政見書〉，遂被逮，而《訄書》改訂本則已
> 于前數月脫稿。〔註3〕

「蘇報案」發生於光緒廿九年（1903）五月六日，則所謂「前數月」，當在光緒廿八年（1902）年底或光緒廿九年初，《訄書》重印本完稿於此時。而《自訂年譜》中復言：

> 余始著《訄書》〔原刊本〕，意多不稱，自日本歸（案：光緒廿八
> 年六月），里居多暇，復爲刪革傳于世。〔註4〕

故〈訂孔〉篇的撰稿時間可能是光緒廿八年（1902）六月到該年年底，大約五、六個月間；也就是他從日本歸來後所草。光看這一點，我們很可以假設他寫這篇文字是受了日本學界的影響。但事實不然。

我們應先檢查遠藤隆吉是否係激烈反孔論者？遠藤氏寫有《孔子傳》一書，其中有如下一段話：

> 我認爲孔子或有過失，或有缺點，實爲一動不諧俗，如同圭角，有
> 血有肉的常人。地球萬億生靈之中，予堅信他是所謂的四聖人之一。

---

〔註2〕見《章太炎政論選集》，頁120。
〔註3〕見《訄書》，重印本扉頁。無頁碼。
〔註4〕見章太炎《自訂年譜》，頁8。

　　　　然他之所以成爲偉人，自有其條件，如高尚的道德，通達人情的言
　　　　語，賅博的學識，偉大的感召力，天人合一的思想等。〔註5〕

這一段話可視爲遠藤晚年的孔子定論，對孔氏讚譽備至，實難看出有任何非
難的傾向。今溯此而上，直接檢視他早先在《支那哲學史》中對孔子之討論；
其言曰：

　　　　孔子以常識教學，故不可名狀。至於其他論點，亦不應非難。世人
　　　　或以孔子尚古而禍中國，實非肯綮之論。孔子自云：「述而不作，信
　　　　而好古。」實乃尊尚先王之道，故非先王之法言不敢不言，非先王
　　　　之法服不敢不服，非先王之德行不敢不行，此所謂孔子主義者也。
　　　　孔子一生不過祖述堯舜，憲章文武，然絕不盲從，但視其可者而從
　　　　之。故（一）孔子美舜而稱武王慊焉，謂盡美而未盡善，即其明證。
　　　　（二）先王之制既多，豈可能一一從之，其間必有取捨，例如顏淵
　　　　問爲邦，子曰「乘殷之輅，服周之冕，樂則韶舞，放鄭聲，遠佞人」
　　　　即是。（三）孔子曰：「麻冕禮也，今也純儉，吾從眾。」此乃所謂
　　　　進步主義。孔子因時制宜，此不可謂之進化主義，亦不可謂之守舊
　　　　主義，乃兩種主義渾然融合，此即孔子之所以爲孔子之根由。後人
　　　　但見孔子稱讚先王，而以守舊主義視之，其實未然，蓋先王之道乃
　　　　通達人情，互古不渝之道，而先王制作偶合此道，故孔子特稱之。
　　　　以此責難孔子爲禍中國者，既不瞭解中國，又不瞭解孔子。

　　　　孔子的出現絕非中國之禍，他可說是史無前例的人物，超凡入聖，
　　　　不但見重於當時，更是流芳後世。在他的精神感召之下，中國不免
　　　　略有守舊的傾向。但中國的進步遲緩，與其怪罪孔子，倒不如說是
　　　　中國必然的命運。〔註6〕

章太炎在《訄書・訂孔》篇開頭引譯了這段話的一部份：

　　　　遠藤隆吉曰：孔子之出於支那，實支那之禍本也，夫差第韶武，制
　　　　爲邦者四代，非守舊也，處於人表，至嚴高，後生自以瞻望弗及，
　　　　神葆（案：褒也）其言，革一義若有刑戮，則守舊自此始，故更八

---

〔註5〕　轉引自宇野哲人的〈遠藤博士著孔子傳を讀む〉，刊於《漢學》（東京：東亞
　　　　學術研究會，1911年）一編八號，頁111～112（臺大文學院圖書館藏）。案：
　　　　此下引用的數段日文資料由好友翁佳音兄助譯，特此誌謝。
〔註6〕　見遠藤隆吉《支那哲學史》（東京：金港堂株式會社，1901年），第一編「古
　　　　代哲學」，甲「儒家」，一「孔子」，頁35～36。

十世而無進取者，咎在於孔氏，禍本成，其胙盡矣。〔註7〕

這一段話每被視爲是激起太炎猛烈反孔的依據。但由前引文可知遠藤的原意卻是很尊崇孔子的，我們不得不懷疑太炎是否扭曲了遠藤的原義？今試加比較於次：

（一）遠藤氏認爲孔子之所以爲禍中國，是因他太偉大，後人自以「瞻望弗及」，未敢逾越其言，故守舊之風起。他非但不直接否定孔子，而且讚譽備至。

（二）太炎將遠藤的原文加以改組，從「夫差第詔武」至「神葆其言」這一段逐譯頗爲忠實。但是，有兩點值得注意：（1）「革一義若有刑戮」、「咎在於孔氏，禍本成，其胙盡矣」二語，是遠藤所原無或原意不如是激烈，而爲太炎所添加或擴大的。（2）遠藤之原意是在說明孔子之所以爲禍根的眞正原因是由於他太偉大。但經太炎在語句上的調整，「孔子之出於支那，實支那之禍本」，卻成爲遠藤直接責備孔子的話。太炎未將遠藤的原文中讚美孔子的部份交待清楚，而逕選此段，實有特殊的用意。非僅此也，太炎在引述這段話後，加一語曰「惟孔氏聞望之過情有故」，補充說明了孔氏之所以能過享大名，乃因老墨諸家不願降志於刪定六藝，故「孔氏擅其威」，經秦火焚書之後，其所刪定之書復出，「則關軸自持於孔氏，諸子卻走，職矣」，〔註8〕他用這一段按語說明孔子並不因偉大而爲後生所瞻仰，而是因爲他獨擅刪改六經之權的緣故，實等於推翻遠藤氏對孔子的評價。

另外，太炎在〈訂孔〉篇末，又引了一段白河次郎批評孔子之語。這段話出自白河次郎與國府種德合著的《支那文明史》，其原文大意是：

明季黃宗羲認爲司馬遷的〈伯夷列傳〉（案：主張不事二臣），是爲諂媚漢武帝而寫的。「合意干繫」應像黃宗羲所說的那種君臣關係，至於「權力干繫」，則是君主用制度把人民桎梏起來。……堯舜以來諸侯與人民之關係是「合意干繫」式的，近於盧梭「民約主義」所說的統治者與被統治者之關係。……只是堯舜時代並未將此思想明確的以制度規定住，並組織「民會」或「平民會」以保護民權、自由。……不過，「合意干繫」的思想雖不發達，但卻保留在老莊學派中，另外，孔孟學派多少也含有這一思想；括而言之，「合意干繫」

---

〔註7〕 《訄書》，頁2。
〔註8〕 同前註。

並未制度化，只是被當成一個理論或理想而流傳於後代。……最後
君王與君臣民間就僅限於「權力干繫」，故使得司馬遷在定義君臣關
係時，暗暗排斥「合意干繫」……。在這一情況下，孔孟承認了君
主政體的「權力干繫」，而把自己主張的「合意干繫」扭曲，以諂媚
一切英雄君主，於是孔孟思想變得不純粹，宜乎孔孟的主義雖然與
當時的君主有所衝突，卻也成爲君主的重要裝飾品而受到尊崇，長
遠的傳到後代來。孔子被當作文宣王，爲歷代所尊祀，實因其主義
成爲君主的裝飾品的緣故。

周末百家爭鳴期間，有力的兩派都同時承認了君主臣民的「權力干
繫」——縱橫家不用說，孔孟也一樣承認。惟獨老莊不承認。……
〔註9〕

這裏的「合意」二字指「商量」或「同意」，「合意干繫」係指民約主義式的
政治關係。而「權力干繫」指壓制性、束縛性之統治。太炎將這一段話選譯
了一部份：

白河次郎曰：從橫家持君主政體，所謂壓制主義也，老莊派持民主
政體，所謂自由主義也。孔氏旁皇二者間，以合意干繫爲名，以權
力干繫爲實，此儒術所以能爲姦雄利器，使百姓日用而不知，則又
不如從橫家明言壓制也。〔註10〕

白河次郎對儒家確存非議，但太炎說「此儒術所以能爲姦雄利器，使百姓日
用而不知」一語，若細細比對白河的原文，可知是經過他渲染的。

由前面的比較工作，可以發現章太炎往反孔的方向對遠藤氏的原意作了
相當多的誇張與扭曲，足見他在迻譯該文時，已先有一批判孔子的成見橫於
其胸。這一成見是他讀遠藤、白河之書以前就蓄有的嗎？自然有此可能。不
過我們還應退一步想：遠藤雖不反孔，但白河次郎確對孔門做了嚴格的批評，
太炎固非受遠藤氏影響，但難保不是受了白河氏的啓導。故此處姑再設一問：

---

〔註 9〕　見白河次郎與國府種德合著之《支那文明史》（東京：博文館，1901 年），頁
　　　　103～105。這一書中尚有一專章提倡拉克伯里的中華民族西來說，從語言、
　　　　文字……等各方面加以論證（見第三章「支那民族西亞細亞より來るの說」，
　　　　頁 28～68），頗疑章太炎的《訄書》重印本中大量出現中華民族西來的言論，
　　　　甚至將歷史上的「先王」視爲是在西亞的始祖們（見《訄書・序種姓》，如頁
　　　　45），是受到白河氏之影響。

〔註 10〕　同註 7。

章氏是否受白河之影響乃「激而詆孔」？

　　考遠藤的《支那哲學史》是明治卅三年五月（光緒廿七年，1901）由東京「金港堂株式會社」首次發行的。〔註11〕而白河次郎與國府種德合著之《支那文明史》亦於同年六月由東京「博文館」發行。〔註12〕在太炎第一次留東時（光緒廿五年，1899 年 5 月），這兩部書根本尚未出版，而且這次他只在日本逗留兩月左右，且顯未受到任何日本書籍的影響。〔註13〕故它們必定是光緒廿八年（1902）二月太炎東渡時讀到的。那麼此處復可以假設：他是在第二次留東時讀到二氏之書，受了啓導乃起而批判孔子！答案是否定的——根據湯志鈞對從章氏家藏的「原刊本」《訄書》之手校本的描述中，獲致一條寶貴的線索，足以證明在他讀到二氏之書前，心中已存訂孔之念。

　　讓我們再回溯一下：〈訂孔〉這個篇目，在光緒廿五年（1899）一、二月間編訂的《訄書》（原刊本）中並未出現。〔註14〕光緒廿六年（1900），唐才常自立軍失敗後，章氏回杭就《訄書》「原刊本」的基礎上展開校訂，於書前重擬「目錄」才首次加入了一條「訂孔」；〔註15〕同時也對幾處字句加以改動。如：原刊本〈官統〉篇有「見端而革，以其六典，上諸孔氏」，太炎把「上諸孔氏」改爲「上諸大旅」——由祀「孔子」改爲祀「五帝」。〔註16〕新增旳這一條目錄及幾個字句的改動都有很深的寓意——章太炎在這個時候已決心「訂孔」。

　　既然早在 1900 年時，他尚不可能讀到遠藤、白河二氏之書時，就已擬下「訂孔」的計劃，則章氏批評孔子的最初動機，當不致是外來的影響造成的

---

〔註11〕　見《支那哲學史》封底。

〔註12〕　見《支那文明史》封底頁 1。

〔註13〕　章太炎第一次留東是光緒廿五年（1899）五月～七月間，在回國後所撰的文字中，看不出任何日本學術之影響。第二次留東是光緒廿八年（1902）二月～七月間。這一段期間，他曾從日本寫信給好友吳君遂，提到正在讀日本人寫的《婚姻進化論》（見《年譜長編》，頁 137），七月間回國後，隨即爲廣智書局譯述日本學者岸本能武太的《社會學》一書出版（見《年譜長編》，頁 138）。又在初返國門時寫信給吳君遂說：「和漢文籍，吾儕之江海也」（見《政論選集》，頁 165），足見他這時受日本學界震撼之大。又章氏此時日文閱讀能力之問題，尚無任何資料可以推定。不過，他第二次留東大部份時間是依梁啓超而居，而梁氏在此前不久與羅孝高合著《和文漢讀法》，教人以數月之力讀日文書之法，章氏極可能受其速成法之助益？由章氏回國之初敢於獨力譯成《社會學》一書，足見彼時具有一定的日文理解力。

〔註14〕　見《章太炎年譜長編》頁 112～113。

〔註15〕　同前引，頁 112。

〔註16〕　同前引，頁 114。

（當然，二氏的論點在他決意訂孔後給了相當的助力），我們追尋太炎反孔之最初動機，恐怕不能一味認定那是受外來的影響。

章氏反孔的原因非常之複雜，一時尚難完全釐清，不過以下二因是相當重要的：

（一）深惡長素欲立孔教，遂至激而詆孔。

章太炎素來深惡孔教。民國二年，當「孔教會」欲以孔子爲國教，配享天壇時，太炎起駁曰：孔子在周末，孟荀之倫亦竭情稱誦，可是「皆以百世之英，人倫之杰，與堯、舜、文、武伯仲，未嘗濟之圜丘清廟之倫也」，〔註17〕若把孔子當成教主來崇拜，則是完全無法理解的。早在清季，當孔教論興起時，他用了一個奇特的方法對「孔教」作釜底抽薪式的攻擊——「詆孔」。對此，他晚年曾作夫子自道曰：「莊子之所以連孔子也要加抨擊，也因戰國時學者托於孔子的很多，不如把孔子也駁斥，免得他們借孔子作護符。」在他那個時代，所謂「藉孔子爲護符者」正是孔教運動者；他欲斥其說，只好將其「護符」一併打破。故讀太炎摧擊孔子之處，常令人聯想及當時的孔教運動者。譬如他罵孔子「湛心利祿」，又說「自漢武專尊孔教以後，這熱衷富貴利祿的人，總是日多一日」，〔註18〕這兩句話就很可能係針對康有爲等人而發。故其於清季「詆孔」亦所以「詆孔教徒」也；對於這一層關連，太炎在民國十一年〈答柳詒徵書〉中有最清楚的追憶：

> 鄙人少年本治樸學，亦唯專信古文經典。與長素輩爲背道馳，其後深惡長素孔教之說，遂至激而詆孔。〔註19〕

（二）自清代中晚期以來，諸子學興起，太炎承染其風，摭諸子所載孔子事迹而信爲孔子眞史。在太炎之前已有人這麼做了，如孫星衍即是。章太炎說：

> 孔星衍輩皆去孔子千有餘歲而摭取諸子所載以爲孔子集語。〔註20〕

而諸子中對孔子的記載實多涉輕薄。僅以《莊子》爲例：如〈讓王〉載「孔子窮於陳蔡之間」、「無恥也若此」；〔註21〕〈胠篋〉篇指出聖、知、仁、義都

---

〔註17〕章太炎，〈駁建立孔教議〉，《政論選集》頁190。

〔註18〕以上見章著《國學概論》，頁50。

〔註19〕章太炎〈答柳詒徵書〉，見《柳翼謀先生文錄》（臺北：廣文書局，1970年）論著四，頁456。

〔註20〕〈大乘佛教緣起考〉，《叢書》，頁914。

〔註21〕郭慶藩，《莊子集釋》卷九下，頁981。這裏說孔子「無恥也若此」是子路與子貢之對話。

是招致動亂之因；〔註22〕〈盜跖〉篇述柳下跖痛罵盜丘的事蹟，斥孔丘「修文武之道，掌天下之辨」是爲己求富貴，〔註23〕這類說法一旦漸次取代正統派的孔子形象，則「倒孔」之說不脣時而起矣，而章太炎正是清末提倡諸子學最力之人，對《莊子》等書最爲熟習，且又認爲「錄在彼書（案：指莊、韓）者，轉可信爲勝義」：

> 孔父緒言，著在《論語》，而《詩傳》、《禮記》旁出者多，乃至《莊周》、《韓非》，錄其故言，或與儒家絕異，夫外道經中之錄佛語，亦猶《莊周》、《韓非》之記孔說也。若在純儒，必不信此爲諦實，此爲正道……然達者則知孔老一原，與佛初出家時嘗訪阿羅邏、鬱陀羅諸仙同例。佛與外道，互有通塗，孔與莊、韓，亦非隔絕，故錄在彼書者，轉可信爲勝義。〔註24〕

太炎借佛家大小乘之差異爲例，強調大乘因能包容異端外道而博大，儒門亦當如此；更何況記載在《莊子》、《韓非》中之「孔說」，通常「轉可信爲勝義」。由此理路往下推，則章氏摭《莊子》等書中菲薄孔子之事蹟以取代過去正統派所設定的孔子面目，是極自然的。他的〈諸子學略說〉中，揶揄仲尼之時所用的材料就幾乎都是從子書上來的。

# 第二節　詆　孔

前面提到〈訂孔〉是章太炎首次公開貶孔的文字，通觀此時期的《訄書》重印本，可知太炎從三方面進行貶抑孔子的工作：

第一、將荀卿的地位提昇到超過孔子。太炎說：孟荀之術，都「踴絕」孔氏；但：

> 惟才美弗能與等比，故終身無魯相之政，三千之化。〔註25〕

光緒廿三年（1897）所寫的〈后聖〉只以荀學爲孔學關軸，而這時竟謂「荀卿學過孔子」，〔註26〕並曰：

> 由斯道也，雖百里而民獻比肩可也，其視孔子，長幼斷可識矣。

---

〔註22〕同前書，頁 346。
〔註23〕同前書，頁 996。
〔註24〕同註 20，頁 913。
〔註25〕《訄書》，頁 3。
〔註26〕同前，雙行夾注語。

〔註27〕

　　夫自東周之季以至於禹，連山息，舊作廢，九共絕，墨子支之，祇

　　以自隕，老耼喪其徵藏，而法守亡，五曹無施，惟荀卿奄於先師。

〔註28〕

荀卿的才學過於先師，但其學「不用」，導致中國「名辯壞，故言敷」，「則其
（指孔子）虛譽奪實以至於是也」。〔註29〕

　　第二、等視劉歆與孔子。其言曰：「孔子死，名實足以伉者，漢之劉歆」。
〔註30〕《訄書》中凡提及劉歆或荀子，多曰「先聖」劉歆，「先聖」荀卿，提
及孔子語氣轉為不遜；如〈官統〉篇中就說：「儒有一孔，不法後王，而眩於
神運」，〔註31〕由此等稱呼即知上述諸人在章氏心目中高下之殊了。

　　第三、批判孔子與現實權勢周旋，認為他之成功是因三次干謁魯哀公的
關係。關於此事《論語》之記載甚「瞹昧」，但「三朝記與諸告飭通論多自觸
擊也」，〔註32〕又說孔子之所以有權勢是因他實際掌握刪定六藝之權，是有其
「才」而不是有其「道術」，本來才跟道術就是兩回事，但世人都以才來定尊
卑，故他們之尊孔子猶如尊王守仁及曾國藩，都只崇其「庶功伐己」，「以橫
行為戎首」〔註33〕的本領。但太炎甚至認為孔子即使是作一個勢利場中人，
其手腕也還及不上道家：

　　且夫儒家之術，盜之不過為新莽，而盜道家之術者，則不失為田常。

〔註34〕

足見其輕視之一斑了。

　　《訄書》重印本之後，章氏的詆孔之語程度愈來愈烈，散見各種文札之
中。首先，他將孔子道德冠冕褫去。〈諸子學略說〉中，罵孔子提倡中庸之道
為「湛心利祿」，說：

　　所謂中庸者，是國愿也，有甚於鄉愿者也。孔子譏鄉愿而不譏國愿，

---

〔註27〕　同前註。
〔註28〕　同前註。
〔註29〕　同前註。
〔註30〕　同前註。
〔註31〕　《訄書》，頁122。
〔註32〕　《訄書》，頁2。
〔註33〕　《訄書》，頁3。
〔註34〕　《訄書》，頁6。

其湛心利祿又可知也。〔註35〕

又說孔氏「權譎」，〔註36〕做事並無原則：

> 時絀時申，故道德不必求其是，理想亦不必求其是，惟其便於行事
> 則可矣。〔註37〕

在先秦諸子中，太炎批評縱橫家最屬，說是熱中趨利，卻認為儒家與縱橫家相為表裏：

> 儒家者流，熱中趨利，故未有不兼縱橫者。〔註38〕

> 儒者與縱橫相為表裏，猶手足之相支。……孔子稱「達者，察言觀
> 色，慮以下人」、「聞者，色取行違，居不疑」，由今觀之，則聞者與
> 縱橫稍遠，而達者與縱橫最近。〔註39〕

又批評孔子因為「湛心利祿」，故膽小，不能為理想堅持奮鬥到底，故「志氣日短」，只能受帝王的豢養：

> 他（案：指孔子）教弟子，總是依人作嫁，最上是帝師王佐的資格，
> 總不敢覬覦帝位，及到最下一級，便是委吏乘田，也將就去做了。
> 諸君看孔子生平，當時攝行相事的時候，只是依傍魯君，到得七十
> 二國周遊數次，日暮途窮，回家養老，那時並且依傍季氏，他的志
> 氣，豈不一日短一日麼？所以孔教最大的污點，是使人不脫富貴利
> 祿的思想。〔註40〕

太炎不滿近代的所謂「文明」，認係「時尚」之代名詞，又說孔子正是一味追求時尚之人 ──「吾土孔子，為聖之時，後生染其風烈，雖奮力抵拒者，……而趣時之疾固已淪於骨髓。」〔註41〕孔子在太炎筆下且成了專亂人國的陰謀。如：

> 田常弑君，實孔子為之主謀，……便辭利口，覆邦亂家，特非孔子，
> 子夏為之倡耶。《莊子・胠篋》云：田成子一旦殺齊君而盜其國，所
> 盜者豈獨一國耶，並舉其聖知之法而盜之。故竊鉤者誅，竊國者為

---

〔註35〕〈諸子學略說〉，見《政論選集》，頁290。
〔註36〕〈革命之道德〉，見《章太炎選集》，頁319。
〔註37〕同註34，頁291。
〔註38〕同前書，頁296。
〔註39〕同前書，頁297～298。
〔註40〕章太炎，〈東京留學生歡迎會演說詞〉，見《政論選集》，頁272～273。
〔註41〕〈復仇是非論〉，見《叢書》，頁793。

諸侯，諸侯之門，而仁義存焉，此即切齒腐心於孔子之事也。〔註42〕

他說孔子的道德便不算極高，「總比近來講倫理學的博士要高一點，教出來的學生，德行科只有四個，其餘像宰我就想短喪，冉有就幫季氏聚斂，公伯寮還要害自己同學的人，有什麼道德？」〔註43〕比起墨家是遠不如了。

　　孔子是否殺少正卯，一直是反孔及尊孔兩大陣營中爭論不休的尖銳問題。在太炎看來，孔子殺少正卯非但實有其事，且是一場赤裸裸的權力鬥爭。在《訄書・爭教》篇中他說：

　　　　少正卯仕於魯，仲尼弟子從之者大半，於是執而殺之東觀下。〔註44〕

他引《論衡・祥瑞》篇之說法，說少正卯在魯，與孔子齊名，孔子之門三盈三虛，故其見殺，實以爭名致戮。〔註45〕由此一例亦足見太炎詆孔頗受《論衡》啓發。太炎又說孔子的思考方式含糊籠統嚴重殽亂人的思想，其言曰：

　　　　用儒家之理想，故宗旨多在可否之間，議論止於函胡之地。彼耶穌
　　　　教、天方教，崇拜一尊，其害在堵塞人之思想，而儒術之害則殽亂
　　　　人之思想。〔註46〕

這裏回頭舉重印本《訄書・儒俠》篇中的一句話來概括太炎對孔子的態度：

　　　　今之世，資於孔氏之言者，害也。〔註47〕

至於孔子最大的功業——六經，究竟與孔子關係如何？孔子在中國的崇高地位之形成，當然與六經有分不開的關係，但在太炎看來，孔子定六經之功與司馬遷、班孟堅輩「初無高下」，〔註48〕因爲「孔子曰述而不作，信而好古，明其無變改。」〔註49〕既循官書之舊而無「變改」，孔子幾無與於六經矣。

　　在清末那個內外交困的時代裏，他認爲「儒術之衰，將不能保其種族」。一方面是因爲「孔子歿已二千歲……，（其學說）于此新世界者，形勢禮俗，豈有相關？」〔註50〕另方面是「中國儒冠之士，踽行子處，無所倚毗，皋門

---

〔註42〕〈諸子學略說〉，見《政論選集》，頁298。
〔註43〕《章太炎的白話文・留學的目的和方法》，頁3。
〔註44〕《訄書》，頁159。
〔註45〕同前書，頁159。
〔註46〕〈諸子學略說〉，見《政論選集》，頁291。
〔註47〕《訄書》，頁8。
〔註48〕〈諸子學略說〉，見《政論選集》，頁268。
〔註49〕《國故論衡・原經》，頁84。
〔註50〕〈答夢庵書〉，《政論選集》，頁396。

有政，庶人所不議，雖有賢杰，不在官位，則娓娓無所長短」。〔註51〕正因儒者已無參與現實政治的能力，故對外來挑戰根本無力回應。太炎說：對於現行政治制度上的污點，道家是「破除淨盡」，而儒家膽小又趨利，故「對於現行制度，尚是虛予委蛇」，〔註52〕故「姬孔遺言」及理學也早已無力維繫人民道德〔註53〕了。

前面所述的非儒反孔言論究竟對同時代及後來之人產生多大的影響？早在光緒卅一年（1905）──亦即《訄書》（重印本）出版後一年，後來成為北大教授的許之衡便已感受到他的反孔思想的壓力。他在〈讀國粹學報感言〉上說：

> 余杭章氏《訄書》，至以孔子下比劉歆，而孔子遂大失其價值，一時群言，多攻孔子矣。〔註54〕

許氏寫這篇〈感言〉的時間還在清末，已經有「一時群言，多攻孔子」之感。則當時章氏非儒反孔言論影響之大，殆可知矣。

# 第三節　六經歷史文獻化

## 一、「夷六藝于古史，徒料簡事類」

章太炎早年受「六經皆史」說的影響，故他很自然的傾向於把經書皆視為史。但他的看法並不完全與章實齋相同，而是比六經皆史說更翻上一層，曰：

> 經不悉官書，官書亦不悉稱經。
>
> 《易》、《詩》、《書》、《禮》、《樂》、《春秋》者，本官書又得經名。
>
> 〔註55〕

這兩句話否定經與官書間之必然性的，顯然都是對章實齋的「經即官書」說而發的。他把「經」書的範圍定得非常之廣；在〈論讀史的利益〉中就說：

---

〔註51〕〈論學會有大益于黃人亟宜保護〉，《政論選集》，頁8～9。

〔註52〕同前書，頁8。

〔註53〕〈人無我論〉，《叢書》，頁885。

〔註54〕許之衡（守微）〈讀國粹學報感言〉，見《國粹學報》乙巳年（1905）第六期〈社說〉，頁1。他又說：「章氏之論訂孔，而後生小子翕然和之，孔子遂『幾失其故步』」，同前文，頁6。許氏又認為太炎詆孔，完全是遠藤隆吉與白河次郎之影響，同前引。

〔註55〕《國故論衡・原經》，頁84。

　　經者古史，史即新經。〔註56〕

他又直接從「經」、「傳」二字本身，重加訓詁，賦予二者更爲俗化的意義。其
言曰：「經……即是一根線，所謂經書，只是一種線裝書罷了，……非但沒含宗
教的意味，就是漢時訓『經』爲『常道』，也非本意。後世疑經是『經天緯地』
之『經』，其實只言『經』而不言『天』，便已不是經天的意義了。」〔註57〕章
太炎說，事實上，古代稱「經」的書很多，並無特別莊嚴的含意：

　　經之名廣矣。仲尼作《孝經》，漢《七略》始傳六藝，其始則師友讎

　　對之辭，不在邦典。《墨子》有經上、下，賈誼書有〈容經〉。《韓非》

　　爲〈內儲〉、〈外儲〉，先次凡目，亦揭署經名。……〔註58〕

至於「傳」的性質，太炎說：「『傳』者『專』也，『六寸竹簡』之謂。」〔註59〕
「經」爲絲繩，及「傳」爲「六寸簡」，雖係《說文》舊解，但在此以這種方式
提出，亦足見其貶抑經傳之用心了。

　　順著上述幾種激進的看法，章太炎實際上是把聖經賢傳加以「歷史文獻
化」，並接著發展出用處理歷史文獻的方式來解經，《檢論・清儒》篇中的「夷
六藝于古史，徒料簡事類」〔註60〕一語，最能概括他這種治經的態度。此舉
可說是中國經學史及史學史的一個新關鍵；因爲，若視六經爲歷史文獻，對
史學園地而言，固增添了一宗豐富的上古史料，且亦可秉較理性的態度去釐
清上古歷史。但對經學園地而言，過去學者治經是爲了見「道」，而章太炎卻
說：「今之經典、古之官書，其用在考迹異同，而不在尋求義理」。〔註61〕那
麼，因經見道的崇高理想自亦落空了；治經即只等於治史，傳統的經學之獨
特尊嚴竟亦從此蕩然。

　　此下擬由三個方面討論章氏的新經學思想對經學傳統的衝擊。

　　第一，太炎認爲對於經書中近乎神話或不可思議處，可以加以合理化解
釋，既不必遽視爲虛擬之詞，也不必被其神秘堂皇所欺：

　　經史所載，雖在極小部份中還含有神秘的意味，大體並沒神怪離奇

〔註56〕　〈論讀史的利益〉，諸祖耿筆記，《制言》第五十二期，頁 1。
〔註57〕　《國學概論》，頁 5～6。
〔註58〕　《國故論衡・原經》，頁 78。
〔註59〕　《國故論衡・文學總略》，頁 73。
〔註60〕　《檢論・清儒》，《叢書》，頁 563。
〔註61〕　見〈論諸子學〉，《章太炎選集》，頁 357。案：在《選集》中將〈諸子學略說〉
　　　　　標爲〈論諸子學〉，其實文章相同。

的論調。並且，這極小部份神秘記載，我們也許能作合理的解釋。

〔註62〕

他說像《詩經》的「履帝武敏」、毛公訓「帝」爲「皇帝」而不是上帝，就等於平常的事實了。爲了怕人不明白，太炎更舉了《史記‧高帝本紀》所載，高祖之父太公，雷雨中至大澤，見神龍附其母之身遂生高祖一例作了極通俗解釋以明之。〔註63〕又如〈堯典〉的「欽明文思安安……克明俊德」一語，有人懷疑「以爲那個時候的社會那得有像這樣的完人」，也有人在這句話上寄託古聖王的理想。太炎認爲在這兩種解釋方式之外，還可以稱情度理，另作解釋；他說：「古代史家敘太古的事，不能詳敘事實，往往只用幾句極混統的話做『考語』，這種考語，原最容易言過其實……〈堯典〉中所載，也不過是一種『考語』。」〔註64〕又如夏啓與有扈氏戰，啓稱「天用剿絕」，太炎則解爲文告誇張之語。〔註65〕由以上這幾個例子可以充份見出他將經典「歷史文獻化」之實績。

　　第二，正因章氏苦心將六經加以歷史文獻化，故用世俗、素樸的社會人情爲基礎去解經，故一方面由六經中保存的史料，抉露了不少上古實況，連帶的對六經之性質的解釋亦爲之一變。如他從《易經》所載的史事中，得到了一個教訓：

　　　　人情所至，惟淫欲搏殺最奮。

又認識到：「《易》所常言，亦惟婚姻刑法爲多」。故對《易》爻的性質重作澄清，認爲它們實際上是反映野蠻時代的生活情形。如「匪寇婚媾」一爻，即是記載上古婚姻未定，以劫略爲室家的實況，決不具有多少哲學意義的。

　　他說：「世人或言《易》不爲小人謀」，易言之，即《易經》不記載晦淫暴力之事，其實不然。《易》既是徵實記載之書，「《周易》所羅，貞褒枉直具舉之，諸貪殘得志者，《易》所不能刊也」。也就是說，《易經》中完整的暴露各種歷史實況，沒有纖毫隱瞞，譬如湯、武兩位聖君，若依《易》之記載推測，其實也是「殺人父兄，虜人妻子」者。太炎曰：

　　　　諸侯爭寶，兵革爲起，小國見亡，大國危殆，殺人父兄，虜人妻子，

---

〔註62〕　《國學概論》，頁3。
〔註63〕　《國學概論》，頁3～4。
〔註64〕　同前書，頁4。
〔註65〕　《古文尚書拾遺》卷一，《叢書》，頁1002。

> 殘國滅廢，取以暴疆而治以文理，無逆四時，……與世更始。湯武
> 行之，乃取天子。

此外，太炎說，《易經》決不諱言凶人享國長，暴人得志之事實，他由《易經》
所保存的材料加以抉露說：

> 綜觀凶人享國長世之事，是豈《易》所能諱隱耶？《易》雖不爲暴
> 人謀，暴人固已得志，《易》雖爲善人賢士謀，直其恣睢獨有邅避求
> 自安，而固無損暴人豪末，縱謀所以黜削暴人者，比其就成，暴
> 人享之已數世矣。〔註66〕

他認爲《詩經》中亦滿載著淫欲搏殺之事，並且動手鉤顯其中實況。在〈關雎
故言〉中，太炎便考索〈關雎〉、〈葛覃〉、〈卷耳〉三篇，乃鬼侯之女與紂王之
間的故事，說「鬼侯與鄂侯、文王同爲三公，紂淫妲己，爲長夜之歡，政治日
嫚。鬼侯知其好內，冀妃以淑女修其閨門，輔之仁義，正家而天下定」、「鬼侯
女竟不見說，刑戮及身，是以序言哀」，此事「亦猶嬖婦之憂王室已矣」。〔註67〕

　　章太炎認爲，六經雖都是歷史文獻，但其性質仍有微殊。以《易》、《春
秋》爲例：《春秋》是「顯明的史」，《易經》則「涵蘊著史的精華」。他說《易》
是「觀人世變復」〔註68〕用的，「……正和近代社會學一般，一方面考察古來
的事迹，得著些原則，拿這些原則，可以推測現在和未來」，〔註69〕故《易》
的卦爻占驗也完全建立在歷史的經驗上；因此，他主張「筮史占繇不可用于
經說」，〔註70〕認爲凡是專在《易》中尋求哲理者實無異問道於盲。

　　《春秋》經是「顯明的史」，但在過去總是認爲作者周知春秋時代所有故
實，故理應不能有缺略或訛誤，一旦有之，必有深妙隱微之義含蘊其間。但
太炎卻指出它也和普通的史籍一樣，作者本身有地域性之類的侷限，故記事
或評論都有缺憾，與所有的歷史寫作者的困境相同，決不是有微言寄託其間。
即如評論人物一端，太炎說：

> 宇內事亦無限，遠古之記，異域之傳，有可論列，人情既異，故不
> 平訂是非也。〔註71〕

〔註66〕以上見《檢論·易論》，《叢書》，頁517～519。
〔註67〕以上見《檢論·關雎故言》，《叢書》，頁524～525。
〔註68〕《檢論·易論》，《叢書》，頁520。
〔註69〕《國學概論》，頁28。
〔註70〕《檢論·易論》，《叢書》，頁520。
〔註71〕《齊物論釋》，見《叢書》，頁366。

《春秋》之所以決不可能平訂「宇內」、「遠古」、「異域」之是非，乃因「《春秋》局在區中，而其時亦逝矣，有所臧否，只隨成俗」，〔註72〕孔子既然不可能全知春秋列國所有史事，那麼他在撰《春秋》時怎可能有「詳近略遠」等觀念在左右著？

　　《周禮》一書，太炎認為是周時的典章制度的記載。他指責後人每見古籍記載春秋各國典禮與《周禮》不同，即多怪疑，其實若以周代的歷史實況去度測，即豁然可通：

> 春秋諸大國，惟魯衛齊晉，周室所封，宜秉周禮。秦楚僻遠或襲前
> 王之俗，杞宋本用夏殷舊典，而附庸小國亦多得封于前代，則典禮
> 不同，亦毋多怪。要之，邦交之法，雖僻陋在夷者，亦不得不以周
> 禮為準，若內政則未必爾。〔註73〕

「周禮」實際上只在部份地域行使，故晚周各地禮制必有紛歧差異，譬如三年喪之制，就「不通于杞宋諸國」。〔註74〕故他勸後人沒有必要在這些地方寄託微言大義。

　　第三，章太炎對中國古代的一些理想政制，以歷史還原的方式一一發其本真，而這些輝煌無似，久為儒生理想之所懸寄的制度亦因此露出「粗陋傖拙」（太炎語）之貌。

　　首先，他認為六經中素樸的本意，多被漢儒扭曲了。漢儒決非不懂經的本意，他們是藉扭曲經典來為經典妝扮以顯其「神聖」：

> 漢人之視經典，若神聖不可測者，本是常語，而故詰詘其義，以見
> 經文之奧眇，故經典辭氣，今儒可憭者，鄭君反多不解；非不解也，
> 必令不解，而後經典為神聖也。〔註75〕

他認為王念孫（1744～1832）及王引之父子（1768～1834）最大的功勞之一，是把被漢儒扭曲後的經義掉換成平白可解。〔註76〕這個工作最大的價值是把顛倒成理想化或神秘化的上古史事再重新顛倒過來。太炎繼承了二王父子的路數且比他們更激烈；這裏僅舉數例以明之。如古代的「大麓」之制曾引起甚多爭論，漢、魏諸儒頗有以「大麓」為受禪讓之處的，太炎則單刀直入指

---

〔註72〕同上。
〔註73〕章太炎〈再與劉光漢書〉，見《叢書》，頁720。
〔註74〕同前引。
〔註75〕《菿漢微言》，《叢書》，頁952。
〔註76〕《國學概論》，頁44。

出「納于大麓」原是洪水時代臣屬保衛天子所居之宮的行為，後代習其禮制而不察，實際上一無神聖之意：

> 即實言之，則天子居山，三公居麓，麓在山外，所以衛山也。堯時
> 君相已居棟宇，而猶當納于大麓者，洪水方滔，去古未遠，其故事
> 尚在禮官，初拜三公，當準則典禮而為之，則必入大麓以為赴官踐
> 事之明徵。〔註77〕

太炎並考出古代天子居山，「其意在尊嚴神秘，而設險守固之義，特其後起者也。」〔註78〕太古天子所居之「靈臺」、「宣室」其實都是神人未分時代天子為了顯示他的尊嚴而在山上造的房子，〔註79〕並無後儒所設想的神聖意義。

又如「明堂」、「辟雍」、「清廟」三制，本極富理想性，但太炎認為它們都是神人未分時代的產品：

> 明堂、清廟、辟雍之制，古今興廢雖不同，然麗王公，尊天位者，
> 其實其名大氐不出山麓。古之王者，以神道設教，草昧之世，神人
> 未分，而天子為代天之官，因高就丘，為其近於穹蒼，是故封泰山，
> 禪梁父，後代以為曠典，然上古視之至恆也。〔註80〕

「明堂」久為中國儒士理想之所寄，顧頡剛說它「喧呶二千載，成為古帝王宮室與政事中最博大之制度」。〔註81〕關於它的型制及功能也引起過無數的猜測，而幾乎所有的猜測，都是極具理想色彩的，而以惠棟（1697～1758）的〈明堂大道錄〉渲染最甚，集其大成。章太炎對理想化了的「明堂」，卻以歷史考證的方式質疑。他說：

> 明堂宗祀所以嚴父配天……明堂在郊，郊字古借用蒿，故郊宮或作
> 蒿宮，然自《大戴禮·盛德篇》已不識「蒿」、「郊」同字，乃曰周
> 時德澤洽合，蒿茂大以為宮柱，名為蒿宮。〔註82〕

他說以「德澤洽合」來解明堂是「詭誕之言，不可為典要」。關於「明堂」之功用，惠棟在〈明堂總論〉中曾羅列出如下數項：「明堂為天子太廟，禘祭、宗祀、朝覲、耕籍、養老、尊賢、饗射、獻俘、治歷、望氣、行政，皆行享其中」，故

---

〔註77〕〈官制索隱〉，《叢書》，頁 686。
〔註78〕同前文，頁 678。
〔註79〕同註 75。
〔註80〕前文，頁 685。
〔註81〕見顧頡剛《史林雜識》（北京：中華書局，1963 年），頁 146。
〔註82〕同註 78。

通過明堂，可以「贊天地之化育，致天下于太平」。〔註83〕但太炎卻認爲明堂只爲「嚴父配天」而設，〔註84〕罵惠棟之〈大道錄〉爲「夸」。〔註85〕太炎雖僅發數語，打破的也只有「明堂」，但實際上是打破千古儒生的一個大理想。

「封禪」一事，每被賦予理想化的意義，但太炎卻認爲那是爲了作戰的實際需要而有的：

> 帝王治神州、設險守固……。因大麓之阻，壘土爲高以限戎馬，其制比於蒙古之鄂博，是故，封禪爲武事，非文事，彼夷俗事上帝，故文之以祭天以肅其志。〔註86〕

堆土以限敵之戎馬，才是封禪之本義也。

又如堯舜「禪讓」，章太炎在《檢論・正議》篇中就直截地抹煞其理想色彩：

> 唐堯之世，諸侯分立，自理其土，彼帝者猶伯主爾，群后未有翼戴之言，而唐堯私以授舜，必不得也。〔註87〕

他認爲堯舜不可能行禪讓，後世更不可能行之：

> 夫古者法統未一，天王之位自監牧公侯推之，尚猶不可私付其臣，況于後代郡縣之主與方伯盟主異體乎？〔註88〕

故他說：「事之荒唐淫僞者，莫過于禪」。〔註89〕又如所謂古代聖王以德取天下，章氏亦辯破之，說：

> 湯、武，伯主也，統御既廣而又自有勝兵選士足以慹人之心，故諸侯皆率從。漢明者起于匹夫。壤小師寡，是以群雄競起，咸不相制，此其勢藉弗如，非德之不逮也。〔註90〕

綜上可知：不管章太炎是對「經」的性質重加釐訂，或據經典中的材料考露上古實況，都足以導致傳統經學的崩墜，及黃金古代的破滅，釀起「鄙夷宗國之念」；但太炎一生最終極的關懷也正是如何振起宗國之念，難道他不曾警

---

〔註83〕《明堂大道錄》卷一，〈明堂總論〉。轉引自楊向奎《中國古代社會與古代思想研究》（上海：人民出版社，1962年）（下），頁912。
〔註84〕同註78。
〔註85〕同註77。
〔註86〕〈官制索隱〉，見《章太炎文鈔》卷一，頁47。
〔註87〕《檢論・正議》，《叢書》，頁582。
〔註88〕同上。
〔註89〕同上。
〔註90〕同前書，頁583。

覺此矛盾？完全不然。他曾自道：

> 或曰，凡事之使人興慕者，在其可崇可貴。今子爲天子居山，宰相
> 用奴諸說，適足釀嘲而起鄙夷宗國之念……。〔註91〕

他深知自己的努力「適足釀嘲而起鄙夷宗國之念」，且又顯然與他所提倡之愛念宗國的民族主義「自刺謬」，那麼他究竟如何調和二者之衝突呢？太炎說：

> 吾曩者嘗言之，以爲祖宗手澤，雖至偭拙，其後昆猶寶貴之，若曰
> 盡善則非也。昔顧寧人丁明絕胙，發憤考帝王陵寢，彼蒿里中陳死
> 人，豈有毫末足用於當世，然識其兆域，則使人感慨不忘。〔註92〕

他認爲從事六經研究工作的最終目的是要顯現出先民的生活實況，依常理而言，祖宗的生活實況再野蠻、落後，後人觀之一樣感慨流連不置，故太炎自認：發露中國上古淫殺之實況，非但不影響一般人愛念宗國之心且有助於發思古之情；故揭開上古實況非但不妨礙其所提倡的民族主義，反而更有裨益。章氏既有這樣的思維，故主張應讓子孫博識「祖宗手澤」，他乃自然而然地效法顧炎武「發憤考帝王陵寢」的精神去發憤考經證史。但他的努力適足以造成黃金古代之破滅，並否定了由經見道的可能性，連帶的造成傳統經學的動搖；他的創獲愈多則經學愈式微，他的意圖與結局適成一弔詭，故其成功也就是經書的末日，這即是爲什麼他是古文經的大師，卻也成了傳統經學最後的殿軍的緣故。

## 二、對通經致用說之打擊

　　前面敘及章太炎將六經加以「歷史文獻化」，這裡擬再進一步探討這個作爲對傳統「通經致用」的理想之衝擊。「通經致用」說的前提是：六經本身涵蘊著「道」，只要我們能窮究「經」中所記載的「道」，便能有用於今。故一旦有人對「經以載道」這個命題提出懷疑，則「通經致用」說亦將隨之動搖。

　　章太炎並不認爲六經載道，只認爲其中載「遠古之事」。「遠古之事」當然不適用於今，他說：

> 抑自周孔以逮今茲，載祀數千，政俗迭變，凡諸法式，豈可施於輓

---

〔註91〕〈官制索隱〉，《叢書》，頁684。
〔註92〕同前書，頁684～685。

近？故說經者所以存古，非以是適今也。先人手澤貽之子孫，雖汙
垢悴劣者，猶見寶貴，若曰盡善則非也。《禮經》一十七篇，守之貴
族，不下庶人，皇漢迄今，政在專制，當代不行之禮，于今無用之
儀，而欲肆之郡國，漸及鄉遂，何異寧人欲變今時之語返諸三代古
音乎？〔註93〕

六經只是先人手澤，「若曰盡善則非也」。以《禮經》爲例，《禮經》十七篇在
古代都不一定實行過，如何用於今日？即使《毛詩》、《春秋》、《論語》、《荀
子》等太炎頗爲推重的古書，也不能在現代世界中「定一尊」。他說：

《毛詩》、《春秋》、《論語》、《荀卿》之錄，經紀人倫，平章百姓，
訓辭深厚，宜爲典常，然人事百端，變易未艾，或非或韙，積久漸
明，豈可定一尊于先聖？

《春秋》三統三世之說，無慮陳其鞎略，天倪定分，固不周知，豈
有百世之前發凡起例以待後人遵其格令者？〔註94〕

故他犀利地表示：「故知通經致用，特漢儒所以干祿，過崇前聖，推爲萬能，
則適爲桎梏矣」。〔註95〕「通經致用」是二千年來儒家士大夫的一個理想，他
們抱持這個理想的程度雖有輕重之別，但大體無不認同於這個目標，那麼太
炎對通經致用說的非難，不正是對傳統經學權威的重大的打擊嗎！

## 第四節　揄揚異端

所謂「正統」與「異端」之間，原無一定的分際，而且正統派與非正統
派可能都宣稱他們自己才是正統的。但我們不可否認：在歷史過程長期的累
積中，確有部份思想或人物不爲大潮流所容。故揄揚非正統的工作，實可說
是對大傳統的一種修正或反抗。章太炎所極力揄揚的非正統，舉其重要者有：
王充、盜跖、劉歆、曹操、五朝學等，我們可以很容易發現他對這些異端的
褒語實際上就是他自己思想的寫照。今分述如下：

東漢王充（27～91）在歷史中久被目爲異端。錢大昕（1728～1804）《潛
研堂文集》中有一條〈論衡跋〉責之曰：

---

〔註93〕〈與人論樸學報書〉，《叢書》，頁 722。
〔註94〕同前書，頁 722。
〔註95〕同前書，頁 721～722。

以予觀之，〔王充〕殆所謂小人而無忌憚者乎。觀其〈問孔〉之篇、

〈揣揣〉、〈至聖〉、〈自紀〉之作……後世誤國之臣，是今而非古，

動謂天變不足畏、詩書不足信、先王之政不足法，其端蓋自充啓之。

小人哉！〔註96〕

錢氏幾乎將所有歷史中背逆傳統的罪迹全加予王充一人，大致代表了部份正統派的看法。而章太炎卻持完全相反的意見，雖然他的論點不專爲大昕而發，但幾乎所有大昕認爲是王充之罪迹的，太炎非但一概平反，而且都賦予正面意義。他在《訄書・學變》篇上說：

〔王充〕作爲《論衡》，趣以正虛妄，審鄉背。懷疑之論，分析百端，

有所發擿，不避孔氏。漢得一人焉，足以振斯恥，至於今，亦未有

能逮者也。〔註97〕

由這一段話可見其推崇之隆，而所推崇之處又全是錢大昕所痛責的。後來章氏撰寫《國故論衡》，由書名便知他對王充的思想路數認同的程度了。〔註98〕

盜跖者，並其人之有無亦不可知，但因《莊子・盜跖》篇載其事迹，具有強烈的非孔及反六王五伯的傾向，故章太炎特意揄揚他，背後實有絕烈的反傳統動機。在《檢論》的〈儒俠〉篇中，太炎肯定盜跖非但不是僞託之人，〔註99〕且爲古代儒俠之典型。荀、孟之所以非盜跖，乃因二氏皆「法訓之士，智足以知平原、信陵、北宮、孟舍，未逮知盜跖也。」〔註100〕

通觀太炎對盜跖之褒語，約有如下數端。第一、盜跖窺破「六王五伯」皆爲以眾暴寡的「亂人之徒」，故「備說非六王五伯，死而操金錐以葬」，曰：「下見六王五伯，將敲其頭矣。」久被視爲道德教化表率的六王五伯，在盜跖眼中，俱成了剽殺之徒——

……以爲黃帝不能致德，與蚩尤戰于涿鹿之野，流血千里；堯舜作

立群臣；湯放其主；武王殺紂；自是之後，以強陵弱，以眾暴寡。

湯武以來，皆亂人之徒也，而盛道有巢神農民不相害爲至德之隆。

〔註96〕錢大昕〈論衡跋〉，見《潛研堂文集》（臺北：商務印書館，1968 年）卷二十七，頁 420。

〔註97〕《訄書・學變》，頁 11。

〔註98〕但太炎對歷史人物之評價是時有昇降的，他後來在《檢論》的〈學變〉篇上就把「未有能逮」改成「尟有能逮」，一字之差，即可見其評價之改變。見《檢論》的〈學變〉篇，見《叢書》，頁 548。

〔註99〕《檢論・儒俠》，見《叢書》，頁 546～547。

〔註100〕同前註。

其詰責孔子雖虛哉，其辭旨則實矣。〔註101〕

太炎盛道盜跖揭破五王六伯之真面目，其實也正代表他對五王六伯的看法，則其反傳統之意態可見矣！

第二、盜跖是上古的無政府主義者，他目睹「君臣兵革之禍，空爲寵章，以召爭奪，一人威福玉食于上，而民供政役奔走焉」；而人民之所以「塗炭」者，都是因爲君王制度及軍備制所致，故盜跖決意掃除這兩個制度，乃以九千人橫行天下，所過之國，「君位可替而軍實可夷」。〔註102〕太炎雖不以無政府主義爲最高理想，但終認爲它能「大庇無告之民」〔註103〕而稱賞之，這一願望，就充份從他對盜跖的歌頌見出。

此外太炎認爲盜跖「能破其神道誕妄」，〔註104〕而神道亦正是太炎所堅欲摧破的。太炎夙主平民主義，而亦將此一理想託諸盜跖。其言曰：

妾織蒲而民利奪，六關置而行旅梗，非跖則不均平通達也。〔註105〕

他認爲孟子、荀子都以輔翼當政者爲務，〔註106〕故不滿於爲平民爭權的盜跖。像太炎這樣把盜跖視爲自己理想的化身，胸中是有強烈反傳統的動機在催促著的。

曹操在近代由太炎首予平反。他於民國三年被袁世凱拘囚期間，寫下〈魏武帝頌〉，稱美曹操（155～220）。此文撰於該年七月前，〔註107〕發意則在民國二年十一月。據章太炎於民國二年十一月四日撰寫之家書可證知：

……觀其〔指袁世凱〕所爲，實非奸雄氣象，乃腐敗官僚之魁首耳。

嗚呼！苟遇曹孟德，雖爲禰衡，亦何不願，奈其人無孟德能力何，

奈其人無孟德之價值何，夫復何言……。〔註108〕

章太炎認爲袁世凱連奸雄氣象亦無之，其著〈魏武帝頌〉，一則美曹，兼則罵袁。他稱美曹氏「信智計之絕人，雖譎而近正」，又嘉其「恭儉」、「廉靖」、「不狐媚」、「不寵賂」，〔註109〕極力辯正曹氏的歷史形象。此外，他對曹操之武功

---

〔註101〕同前註。
〔註102〕同前註。
〔註103〕〈無政府主義序〉，《叢書》，頁859。
〔註104〕同註99。
〔註105〕同前註。
〔註106〕同前註。
〔註107〕見《章太炎年譜長編》，頁490。
〔註108〕見《章太炎家書》，頁59。
〔註109〕見〈魏武帝頌〉，《叢書》，頁763～764。

最致推崇。其言曰：

> 夫其經緯萬端，神謨天挺。出車而獫狁襄，戎衣而關洛定，登黎獻
> 乎衽席，拼旄倪乎隍阱……。〔註110〕

是視曹氏爲襄定三國亂局的偉人。太炎並要求後人給予曹氏公平的評價。說：
「桓文以一匡紀功，堯舜以耿介稱聖」，那麼曹氏何以不能紀功稱聖？〔註111〕
曹操自來是中國歷史上最受爭議的人物，一千餘年來，貶遠多於褒。章太炎
大膽肯定這一異端，亦足見其思想意態矣。

劉歆（～23）也是二千年不理於眾口之人，但章太炎卻說：「孔氏，古良
史也。……孔子死，名實足以伉者，漢之劉歆」，〔註112〕以孔子爲第一任良史，
劉歆爲第二任良史。〔註113〕另在《檢論》中，太炎又宣稱劉歆與孔子一樣有
普及教育之功：

> 書布天下，功由仲尼，其後獨有劉歆而已。……向、歆理校讎之事，
> 書既殺青，復可移寫，而書賈亦貨鬻焉……是爲天祿、石渠之守，
> 移於民間也。〔註114〕

則孔子爲第一位將竹帛下庶人者，劉歆爲第二位。康有爲責劉歆欲向孔子「奪
教」，〔註115〕而太炎則逕以劉氏比擬孔子，變異端爲正統，轉末席成首座，怎
不令人瞠目結舌！

此外，太炎是一千多年中，給予魏晉思辯傳統、文學、法律全新評價的
第一人。在太炎心目中，中國思想史上有兩個盛世，一是晚周，一是魏晉。
太炎認爲傳統士人對五朝評價之偏差，是因爲江左國力衰弱之緣故：

> 盡五朝三百年，往惡日湔，而純美不忒，此爲江左有愈於漢。徒以
> 江左劣弱，言治者必暴摧折之。〔註116〕

他認爲不管是六藝或方技，五朝的成就都邁越前人：

> 夫經莫穹乎禮、樂，政莫要乎律令，技莫微乎算術，刑莫急乎藥石，
> 五朝諸名士皆綜之。其言循虛，其藝控實，故可貴也。〔註117〕

---

〔註110〕同前註。
〔註111〕同前註。
〔註112〕《訄書》，頁3。
〔註113〕侯外廬語，見《近代中國思想學說史》，頁798。
〔註114〕《檢論·訂孔上》，《叢書》，頁538。
〔註115〕見康有爲《新學僞經考》，頁98。
〔註116〕〈五朝學〉，《章太炎文鈔》卷一，頁16。
〔註117〕同上文，頁17。

五朝士夫之所以特精於「六藝方技」，是植基於玄學的思辯素養：

> 凡為玄學，必要之以名，格之以分。而六藝方技者，亦要之以名，
> 格之以分。治算、審刑、度聲則然矣；服有衰次，刑有加減。傳曰：
> 刑名從商，文名從禮，故玄學常與禮律相扶。〔註118〕

故他斷言：自唐以降玄學絕，中國的思辯傳統中斷，「六藝與方技亦衰」。〔註119〕
太炎對王弼（226～249）更是推重，說：「周孔既歿，諸儒誠不能與輔嗣比肩」，
〔註120〕是儕之上於晚周諸子矣。清談過去被視為亡國之學，現在卻被揄為思想
史上的黃金時代了。〔註121〕

在文學方面，太炎夙輕桐城，極重魏晉，此則有其先導焉。傅斯年曾謂：
「自汪容甫、李申耆標舉三國、晉、宋之文，創造駢散交錯之體，流風所及，
於今為盛。章太炎先生其挺出者」。〔註122〕太炎文章，少年時代承隨汪、李，
不過三十五歲以後已棄而直師魏晉，〔註123〕勉人學《三國志》、《晉書》、《宋
書》、《弘明集》〔註124〕的文章。

對於五朝法律，太炎亦備致推崇，認為中國歷代法律中，漢法「賊深」、
唐法亦「刻深」，俱不人道，「惟晉律為平恕」，〔註125〕後竟亡佚，是人民無福。
〔註126〕在〈五朝法律索隱〉中，他綜晉律之優點曰：

> 五朝之法信美者有數端，一曰重生命，二曰恤無告，三曰平吏民，
> 四曰抑富人。〔註127〕

太炎心目中晉律的精神完全符合其一貫的平民主義主張，故對之再三致意。

當異端一個一個被從墳墓中喚醒，一個一個站到歷史的幕前時，也正是
傳統的基礎一步一步崩墜的時候，章太炎把久為士人所不願道、不敢道的異
端，一一表而章之，並寄深意，這些作為，便直接或間接地促發清末民初傳

---

〔註118〕同前引。
〔註119〕同前引。
〔註120〕《檢論·易論》，《叢書》，頁520。
〔註121〕《章太炎的白話文》，頁53。
〔註122〕傅斯年，〈文學革新申義〉，收《傅斯年全集》（臺北：聯經出版公司，1980
年）冊四，頁15。
〔註123〕見《章太炎年譜長編》，頁128。
〔註124〕同前引。
〔註125〕《國故論衡·原名》，頁174。
〔註126〕《國故論衡·原名》，頁174。
〔註127〕〈五朝法律索隱〉，《叢書》，頁680。

統的大崩潰。

# 第五節　影　響

章太炎的民族思想對晚清的影響可用魯迅的「所向披靡，令人神旺」〔註 128〕八字綜括之。非僅此也，他一生雖未曾長期任教於大學，但他著述甚豐，又曾多次公開講學，故其學術思想所散發的影響力自不能輕估。這份影響是多方面的，但此處擬集中討論他對幾位與民初新文化運動密切相關的學者之影響。然而這決不意味著他對後學的影響可以化約成這一小部份。事實上，新文化運動期間保守派的重要發言人黃侃就是他的得意門生；而如梁漱溟〔註 129〕等人，更受到他的〈俱分進化論〉之影響，如是不一而足；故只把焦點集中在與新文化運動有關的學者身上，無論如何都是有所偏的。但一則因章氏夙被視為保守主義者，而竟與這個激烈的反傳統運動有千絲萬縷的關係，其中因緣是很值得探討的；二則因新文化運動對中國學術思想的發展而言，無疑地是一場驚天動地的鉅變，它與上一代學者的源承關係，最應獲得釐清，故此處乃將討論的範圍集中。以下擬分述章太炎對錢玄同、吳虞、魯迅、胡適、傅斯年、顧頡剛等學者的影響。

## 一、錢玄同

錢玄同是章太炎之弟子，但他的學思多變，也是最先起來修正章氏學術的人。關於這一個歷程，他在〈論今古文經學及辨偽叢書〉及〈劉申叔先生遺書序〉中說得相當詳盡。他少年時代，讀莊方耕（1719～1788）、劉申受（1776～1829）等人的書，深信今文家言，後來在日本得了章太炎的教誨，又傾向

---

〔註 128〕魯迅〈關於太炎先生二、三事〉，收在《且介亭雜文集末編》（上海：人民文學出版社，1981 年），頁 546。

〔註 129〕章太炎對文明進化採取懷疑的態度（〈俱分進化論〉）曾影響到梁漱溟。關於這一點，賀麟的《當代中國哲學》（臺北：臺灣時代書局，1974 年）早經指出：「王靜安先生『人生過處惟存悔，知識增時只益疑』的悲觀態度，和梁漱溟先生在他初期名著《究玄決疑論》中所表現的出世悲觀思想，似皆與此說相關係。而梁著中論苦樂一段，更顯得部份地採取了章氏之說」（頁 5）。案：梁漱溟的《究玄決疑論》確取章氏之說為其主幹之一；如云「餘杭〈俱分進化論〉，遮撥進化論者之希望進化，表苦樂駢進之義，云：『感官愈敏，應時猝發，其感樂愈切，其感苦亦愈切……』」見《漱溟卅前文錄》（臺北：文景出版社，1972 年），頁 15。他又云：「餘杭有〈俱分進化論〉，其言苦樂駢進，略相盼合」（頁 13）。

古文家。大約從宣統二年（1909）至民國六年（1917），他轉而「頗宗今文家
言」，〔註130〕民國十年參加古史論戰之時，則主今古文「一齊撕破」。從他後
期的學術路線看，幾乎無法理解其與章太炎之間濃厚的思想關連。而事實上，
他在新文化運動前後的主張，有不少是師承自章氏的，只是錢氏幾乎未自道
及。關於這一點，他的摯友黎錦熙〔註131〕在《錢玄同傳》中說得十分恰當；
其言曰：

> 一般人只看見錢先生並不和他老師（指章太炎）一樣的反對今文經
> 學，而且研講今文，表章南海，故以爲他於章氏的古文經學竟無所
> 承。殊不知他在新文化運動中，大膽說話，能奏摧枯拉朽之功，其
> 基本觀念就在「六經皆史」這一點上。不過，在《新青年》他的文
> 章中，一般人不易看出這個意識上的淵源來耳。〔註132〕

前曾述及：章太炎是以「歷史文獻」來看待六經，這一態度顯爲錢玄同所繼
承，故黎錦熙會說：「要以『史眼』窮經，錢先生只承認都是『國故』，『國故』
就是史料」。〔註133〕

　　錢氏是新文化運動中，打破禮教的急先鋒，黎錦熙亦指出其潛意識中實
受章太炎之影響。其言曰：

> 錢先生參加新文化運動，做了打破吃人的「舊禮教」的先鋒大將，
> 在意識的根本上固然是源於師承〔指章太炎〕。〔註134〕

並夾註說：

> 這是說根本意識，若低能者只以形跡求之，則章太炎除對滿清革命
> 外，並不反對「舊禮教」也。〔註135〕

黎氏是錢玄同晚年最爲熟悉的朋友，他的觀察當爲可信。

　　章太炎特意將諸子學的地位提高，以貶低儒家，錢玄同亦同此一路。他
說：「自諸子學興，而後漢字始爲發揮學術之用」，〔註136〕並認爲除諸子學外，

---

〔註130〕見《劉申叔先生遺書·序》，頁 30。
〔註131〕黎錦熙在《錢玄同傳》（在《錢玄同先生傳與手札合刊》內。臺北：傳記文學，
　　　　1972 年）上自言：「錢先生的生活，近十六、七年來，可說是和我共同生活」，
　　　　見頁 30。
〔註132〕同前書，頁 39。
〔註133〕同前書，頁 50。
〔註134〕同前引。
〔註135〕同前引。
〔註136〕同前文，頁 1028。

所有儒家之書皆教忠教孝之廢書，悉應排棄。〔註137〕

　　章氏排孔教，玄同亦從而推導之。黎錦熙說：

> 今文大師康南海（有爲）先生，要把孔教當作宗教，把孔子當作教
> 主來崇拜，說一切眞的經書都是孔子創作的；古文大師章太炎先生
> 則直把孔子當作一個「史學家」看待，頂多再帶了些「教育家」的
> 臭味，孔子的最大成績是在整理了許多故書舊史（經）……錢先生
> 在這一點上，受他老師的影響最深，所以到了民七，就一拳打翻「孔
> 家店」（這不是說孔子要不得，乃是說二千年來藉著孔子的招牌來開
> 店作買賣的就非打翻不可……）。〔註138〕

前面說過：錢玄同是幾度依違於今古文之間的，故他除了受到章太炎的「六
經皆史」之影響外，也受到康有爲以六經爲「託古改制」之說法的影響，而
認爲六經所載古史古事皆係僞託。大約在民國九年時，他告訴學生顧頡剛，
要把今古文家法「一齊撕破」，易言之，既反對「孔子作六經」，亦不認爲六
經是卓越的史書，而只當它是上古史料或粗陋的史書。在〈研究國學應該首
先知道的事〉中他說：

> 舊時說經，有「今文家」、「古文家」、「宋儒」三派，雖彼此立說不
> 同，但總不出「受命改制」、「王道聖功」這些話的範圍，沒有說到
> 牠在史料上的價值。到了近代，章學誠和章炳麟師都主張「六經皆
> 史」，就是說孔丘作六經是修史。這話本有許多講不通的地方，現在
> 且不論。但我們即使完全讓步，承認二章之說，我們又應該知道，
> 這幾部歷史之信實的價值遠在《史記》和《新唐書》之下，因爲孔
> 丘所得的史料，遠不及司馬遷、宋祁、歐陽修諸人……。〔註139〕

由這一段話可充份看出：錢氏固受章太炎影響，但卻決不能與章太炎等同，
他已經遠遠越出章氏的範圍，把章氏的舊說加以徹底的激烈化了。


## 二、吳　虞

　　吳虞的非儒反孔思想成因極爲複雜，〔註140〕而其中頗有承受自章太炎的

〔註137〕同前引。
〔註138〕黎錦熙《錢玄同傳》，頁 37～38。
〔註139〕《古史辨》冊一，頁 104～105。
〔註140〕吳虞與其父吳興杰有嚴重的家庭糾紛，其《日記》甚至稱其父爲「老魔」。關
　　　　於此一家庭糾紛請見唐振常《章太炎吳虞論集》，頁 88～91。又，李璜《學

影響。關於這一層，錢基博曾作如下分析：

> （吳虞）大抵襲章炳麟、康有爲、梁啓超早年之餘論。康有爲疑六
> 經而不非孔，梁啓超非孔而不澈底，虞則非孔疑經，澈始澈終……。
> 謂「章炳麟〈諸子學略說〉攻孔子最有力；其《訄書》並引日本遠
> 藤隆吉支那有孔子，爲支那禍本之言」……。〔註141〕

錢氏的說法，吳虞表示完全贊同。〔註142〕吳氏對章太炎〈諸子學略說〉極力
迴護，在〈儒家主張階級制度之害〉一文中，責備想把〈略說〉燒毀的人野
蠻荒謬：

> 某氏收取章太炎〈諸子學略說〉，爐於一炬，而野蠻荒謬之能事極矣。
> 〔註143〕

他攻孔子之語，便時從章太炎處轉手而得。如說：「孔氏之徒，湛心利祿，故
不得不主張尊王，使君主神聖威嚴，不可侵犯，以求親媚」，〔註144〕這一段話
即是從〈諸子學略說〉脫胎而來的。他譏孔子爲「國愿」，〔註145〕亦借自太炎；
其言曰：

> 孟子攻楊朱無君，則其說亦不合於今日，惟孟子性剛，以「草芥寇
> 仇」之語被朱元璋逐出文廟，而孔氏仍安享太牢無恙，章太炎目爲
> 「國愿」，於此可思其故矣。〔註146〕

吳虞受〈諸子學略說〉的另一影響是要求將孔子與諸子平列，斟論是非；其
言曰：

> 我不是要除掉孔子，我不過不要他人高高在上，要把他請下來，和
> 諸子百家坐在一起，討論是非。〔註147〕

吳氏不曾受教於太炎，但卻深受〈諸子學略說〉中非孔言論之影響。所以當

---

> 鈍室回憶錄》（臺北：傳記文學，1978 年）亦嘗加述及（見頁 12）。吳虞非孝，
> 自與他的家庭生活有關。

〔註141〕錢基博《現代中國文學史》，頁 60。

〔註142〕吳氏晚年囑其學生賴高翔、周重能爲他寫「墓誌銘」，二生要求吳氏寫一簡單
事略，而吳氏却要他們參考錢基博文。見《章太炎吳虞論集》，頁 114。

〔註143〕見《吳虞文錄》（上海：亞東圖書館，1925 年）卷上，頁 79。

〔註144〕同前書，頁 75。請參考章太炎〈諸子學略說〉，見《章太炎政論選集》，頁 291。

〔註145〕同前引。

〔註146〕《吳虞文錄》卷下，頁 6～7。

〔註147〕吳虞對賴高翔語，見唐振常《章太炎吳虞論集》，頁 114。此外，吳虞又曾曰：
「善乎章太炎曰：中國學術自下倡之則益善，自上建之則日衰……」見《吳
虞文錄》卷下，頁 56。

清季有人欲燒〈略說〉時，他乃奮而挺身爲之辯護。

# 三、魯　迅

　　魯迅於光緒卅四年（1908）在東京親炙章太炎，〔註148〕兩人的關係，持續了將近三十年。〔註149〕民國以後雖因太炎倡讀經、反白話文而受到魯迅的攻擊，但他對章氏一生執禮甚恭，生平最後一篇文章就是爲章太炎辯護的。〔註150〕

　　民國以前，魯迅的思想約分二期：早期受嚴復的影響。在這個影響下，他於光緒二十九年（1903）發表了〈斯巴達之魂〉、〈說鐳〉、〈中國地質略論〉、〈科學史教篇〉等論文，〔註151〕顯示出強烈的愛國、反帝國主義，主張進化論，提倡西方科學旳思想。光緒卅三年（1907），他爲《河南》雜誌撰稿，發表了〈摩羅詩力說〉、〈文化偏至論〉、〈破惡聲論〉，是爲第二期。此時他對早期的思想做了大幅度的修正；而這三篇長文，從思想到文風，〔註152〕都受到章太炎深刻的影響。

　　三文中最早發表的是〈摩羅詩力說〉，比較而言，在思想上受章氏影響較淡，文風則完全仿自太炎。〔註153〕至於稍後撰成的〈文化偏至論〉及〈破惡聲論〉，則處處可看到太炎的影子：

　　第一、魯迅主張「掊物質而張靈明、任個人而排眾數」——他認爲：強調物質與重視「眾數」，只是十九世紀末葉文明的一個面，實際上是「偏至」

〔註148〕請見周作人《瓜豆集》（臺北：里仁書局，1982 年），頁 240。
〔註149〕根據林辰之考證，見曹聚仁《魯迅評傳》（臺北：翻印本，無出版時間），頁 306。
〔註150〕指魯迅民國二十五年十月九日所寫〈因太炎先生想起的二、三事〉，此稿未完。案：魯迅此文是爲反駁吳稚暉在該年一月發表於《東方雜誌》的〈回憶蔣竹莊先生之回憶〉，文中對章太炎頗有指責；參《且介亭雜文集末編》，頁 561 之註釋。又，林毓生的 The Crisis of Chinese Consciousness（The Univ. of Wisconsin Press, 1979）一書認爲魯迅寫此文係因「念舊」，見頁 149。
〔註151〕這裏借用李澤厚之說。請見氏著《中國近代思想史論》，頁 443。
〔註152〕關於文風受到章氏之影響，魯迅曾自言：「……又喜歡作怪句子和寫古字，這是受了當時《民報》的影響」，見〈墳〉、〈題記〉，轉引自《魯迅年譜》（復旦大學、上海師大、上海師院《魯迅年譜》編寫組編，安徽人民出版社，1969 年）上冊，頁 71。
〔註153〕魯迅，〈摩羅詩力說〉，收在張枬、王忍之合編《辛亥革命前十年時論選集》（香港三聯書店，1980 年）第三卷，頁 230～261。此文歌頌「尊己」之精神，顯然是受章太炎「依自不依他」之影響。

之說，故他「不以爲有當」，〔註154〕但當時的中國卻不幸已陷入這泥淖中。魯迅說：西方之產生任眾數及重物質的思想，是有其特殊之歷史背景的，我們實無理由取以措施於中國，〔註155〕故他力倡「掊物質而張靈明，任個人而排眾數」。〔註156〕

關於「任個人而排眾數」，魯迅所論甚多，這裡略舉數條。他說：

> 人必發揮自性，而脫觀念世界之執持，惟此自性，即造物主，惟有此我，本屬自由，既本有矣，而更外求也，是曰矛盾。自由之得以力，而力即在乎個人，亦即資財，亦即權利，故苟有外力來被，則無問出于寡人或出于眾庶，皆專制也。〔註157〕

故他反對國家以法律及義務束縛人民；曰：

> 國家謂吾當與國民合其意志，亦一專制，眾意表現爲法律，吾即受其束縛……去之奈何？曰，在絕義務，義務廢絕，而法律與偕亡矣。〔註158〕

這段話很可能是從章太炎的〈國家論〉繼承來的。他又堅持社會必需容許保留個人的特性：

> 凡個人者，即社會之一分子，夷隆實陷，是爲指歸。使天下人人歸于一致，社會之內，蕩無高卑，此其爲理想誠美矣，顧于個人特殊之性，規之蔑如，既不加別分，且欲致之滅絕……則流弊所及，將使文化之純粹者，精神益趨于固陋……。〔註159〕

並保持個體之自由，反對「謳歌眾數奉若神明者」。〔註160〕曰：

> 意蓋謂凡一個人，其思想行爲，必以己爲之中樞，其終極，即立我爲絕對之自由者也。〔註161〕

魯迅認爲：蘇格拉底及耶穌之見害，即是「任眾數」以壓迫個人的最佳例子。〔註162〕如果拿魯迅之說參照章太炎的〈五無論〉，可以很容易發覺二者的彷

---

〔註154〕魯迅〈文化偏至論〉，同前書，頁354。
〔註155〕同前書，頁356。
〔註156〕同註154。
〔註157〕同前書，頁358。
〔註158〕同前書，頁358。
〔註159〕同前書，頁357～358。
〔註160〕同前書，頁359。
〔註161〕同前書，頁358。
〔註162〕同前書，頁359。

彿之處。

魯迅堅主「掊物質而張靈明」，他責備近代人因受到棉、鐵、石炭……之類物質的益處，「信乃彌堅，漸而奉爲圭臬，視爲一切存在之本根，且將以之範圍精神界所有事，現實生活，膠不可移，惟此是尊，惟此是尙」，〔註163〕魯迅質問：

> 將此富有爲文明歟？則猶太遺性長居積，歐人之善賈者，莫與比倫，然其民之遭遇何如歟？將以路礦爲文明歟？則五十年來非、澳二洲，莫不興鐵路、礦事，顧此二洲土著之文化何如矣？……若由惟物質爲文化之基也，則列機括，陳糧食，遂足以雄長天下矣？〔註164〕

因此，他反對當時中國的「金鐵主義」者，〔註165〕認爲黃金黑鐵不足以救中國，而這也與章氏長期提倡的反物質文明之觀點〔註166〕相類。

第二、反對立憲及國會，認爲這是「姑拾他人之緖餘，思鳩大群以抗御，而又飛揚其性善能攘擾，見異己者興，必借眾以陵寡，託言眾治，壓制乃烈于暴君」〔註167〕、「古之臨民者，一獨夫也；由今之道，且頓變而爲千萬無賴之尤，于興國究何與焉？」。〔註168〕他又認爲：立憲國會是「製造商估」〔註169〕及「市儈」，〔註170〕或「奔走干進之徒」〔註171〕所把持的，決非善法。我們很容易看出，這些見解，大致是從章太炎的〈代議然否論〉等反立憲國會的文章吸收來的。

第三、提倡「主觀主義」。其言曰：

> 主觀主義者，其趣凡二：一謂以主觀爲準則，用律諸物，一謂視主觀之心靈界，當較客觀之物質界爲尤尊……以是之故，則思慮動作，咸離外物，獨往來于自心之天地，確信在是，滿足亦在是。〔註172〕

---

〔註163〕同前書，頁356。
〔註164〕同前書，頁362。
〔註165〕同前書，頁354。
〔註166〕如章太炎的〈俱分進化論〉，見《叢書》，頁859～864。
〔註167〕魯迅〈文化偏至論〉，見《辛亥革命前十年時論選集》第三卷，頁353。
〔註168〕同前書，頁354。
〔註169〕同註43。
〔註170〕同註168。
〔註171〕同前引。
〔註172〕同前書，頁360。

他認爲一旦能興主觀主義,「功有偉于洪水之有方舟者焉」,〔註173〕這亦顯受章太炎的〈依自不依佗〉之說的影響。〔註174〕

　　此外,魯迅的非儒反孔思想與章氏頗爲相關,其來源可分爲兩支:第一、章氏在東京講學時,對孔子便時有不遜之詞,〔註175〕則魯迅當日接聞其緒論,自亦不能不受影響。而他所撰的〈諸子學略說〉,藉《莊子》中的故事以詆孔,魯迅亦深受其影響,由魯迅《故事新編・出關》一篇,即可看出。〔註176〕第二、章氏提倡魏晉文章,魯迅亦步趨之,對《嵇康集》發生深厚的興趣,尤其在思想人格方面受到孔融、阮籍、嵇康等人的影響,〔註177〕魯迅反傳統思想的淵源,有一部份即是從魏晉名士的「非湯武、薄周孔」變化而來的。這一點,由其〈魏晉風度及文章與藥及酒之關係〉中,可以充份看出;他說:

> 嵇康的論文,……往往與古時舊說反對。孔子說:「學而時習之,不亦說乎」,嵇康做的〈難自然好學論〉卻道:人是並不自然好學的……。還有管叔、蔡叔,是疑心周公,率殷民叛,因而被誅,一向公認爲壞人的,而嵇康做的〈管蔡論〉,就也反對歷代傳下來的意思,說這兩個人是忠臣,他們的懷疑周公,是因爲地方相距太遠,消息不靈通。〔註178〕

他筆下專與古人立異的嵇康,實際就是他自己的寫照。非僅如上述也,魯迅在評價歷史人物上、性格上〔註179〕都頗受章氏影響,但我們不能完全從文字

〔註173〕同前註。
〔註174〕案:魯迅〈破惡聲論〉強烈抨擊西化論者,當亦與章太炎有關;見前書頁370。此外,如他主張印度、波蘭、中國成爲互助國(同前書,頁377),自然是從章氏的中印聯邦之構想來的。他主張襃佛教以維民德(頁373)亦與太炎的「建立宗教論」有關,他反對「執進化留良之言,攻小弱以逞欲」(頁376),即從俱分進化論衍來。
〔註175〕對於這一點余英時教授有精闢的分析,請參見他的〈五四與中國傳統〉,收汪榮祖編《五四研究論文集》(臺北:聯經出版公司,1979年),頁118～120。
〔註176〕請參郭沫若,〈莊子與魯迅〉,收在氏著《今昔蒲劍》(上海:海燕書店,1947年),頁282～284。又朱維錚、姜義華曾指出〈諸子學略說〉對魯迅之雜文和歷史小說的影響:請見《章太炎選集》,頁352。
〔註177〕曹聚仁,《魯迅評傳》,頁29。
〔註178〕見《魯迅卅年集》(魯迅全集出版社,1941年),第五冊,頁116。
〔註179〕如魯迅之襃美曹操(同前文,頁105～106),顯受到章氏〈魏武帝頌〉之影響。關於他的性格,曹聚仁在《魯迅評傳》中云:「芥川龍之介,他看了章太炎先生,比之爲鱷魚,我覺得他們師徒倆,都有點鱷魚氣味的」(頁146)。

形迹上去推求這一個現象。

## 四、胡　適

胡適對章太炎評價甚高，他認爲章氏是古文學「最光榮的結局」，是「清代學術史押陣大將」。尤其推崇《國故論衡》；曰：

> 他的《國故論衡》、《檢論》，都是古文學的上等作品。這五十年中著書的人，沒有一個像他那樣精心結構的，不但這五十年，其實我們可以說這兩千年中，只有七八部精心結構，可以稱做「著作」的書——如《文心雕龍》、《史通》、《文史通義》等……章炳麟的《國故論衡》要算是這七八部之中的一部了，他的古文學工夫很深，他又是很富於思想與組織力的，故他的著作，在内容與形式兩方面都能「成一家言」。〔註180〕

事實上胡適便以《國故論衡》爲起點，發起「整理國故運動」；關於這一層師承關係，顧頡剛作了很客觀的描述；他說：

> 整理國故的呼聲，倡始於太炎先生，而上軌道的進行，則發軔於適之先生的具體計劃。〔註181〕

胡氏使用「國故」二字，當然也是從《國故論衡》借來的。

胡氏自美歸國之後，所完成的《中國哲學史大綱》自序中說：「對於近人，我最感謝章太炎先生」，〔註182〕這一個謝忱，主要來自於兩方面：第一、《中國哲學史大綱》之立論，有不少是在章氏的《檢論》及《國故論衡》〔註183〕之基礎上繼續發展的。第二、因章氏的影響，使他得以平等看待諸子。〔註184〕

---

曹聚仁曾經接觸章、魯二人，所言當頗可信。又李澤厚亦云：「魯迅與章太炎的關係，從政治、思想、學術、文風，到個人交往，是值得詳盡分析的」（見氏著《中國近代思想史論》，頁443小注）

〔註180〕見《胡適文存》第二冊，〈近五十年中國文學〉，頁216。案：《胡適留學日記》（臺北：商務印書館，1980年）中屢言及章太炎，足見其對章氏久甚注意。章氏的《新方言》及《檢論》是他此時最常用參考書之一。民國六年四月的日記中，他開列七種論樸學方法的書作爲治學典範，是以章氏的《國故論衡》作爲俞樾以後之代表。以上分別見《胡適留美日記》，頁962、1012、1065、1119。

〔註181〕顧頡剛《古史辨·自序》，見該書第一冊，頁78。

〔註182〕胡適《中國古代哲學史》（臺北，商務印書館，1978年）（案：即《中國古代哲學史大綱·卷上》）再版自序，頁1。

〔註183〕如該書〈別墨〉篇，頁39～83。

〔註184〕蔡元培，《中國哲學史大綱·序》，頁2。

他在該書的〈導言〉中說：

> ……到了最近世，如孫詒讓、章炳麟諸君，竟都用全副精力，發明
> 諸子學，於是從前作經學附屬品的諸子學，到此時代，竟成專門學。
> 一般學者，崇拜子書，也往往過於儒學，豈但是「附庸蔚爲大國」，
> 檢直是「婢作夫人」了。〔註185〕

而胡適的哲學史正是以「婢作夫人」的態度寫成的。

胡適尚受到章氏早年非儒反孔之論的影響。關於這一點，柳詒徵把章、胡二人的文字仔細比較後，將其源承關係做了清楚的說明：（1）〈諸子學略說〉說孔子詐取老子之書後，老子隱忍不敢舉發，若他「胸有不平，欲一舉發，而孔子之徒，徧布東夏，吾言朝出，首領可以夕斷」。胡適說周室王官之學術，視諸子如天地之懸絕，諸子之學，不但決不能出於王官，「果使能與王官並世，亦定不爲所容，而必爲所燒燼坑殺耳」，柳詒徵說：「章之論孔老，則似近世武人政權暗殺之風。胡之論王官，直同歐洲中世黑暗殘酷之狀」。〔註186〕胡的承襲之跡是很明顯的。（2）章氏論孔子殺少正卯，實刻意「誣孔子」，而「胡氏更爲之推波助瀾」，在《中國哲學史大綱》上大加發揮，〔註187〕故柳詒徵說：「胡氏之好詆孔子與章同」。〔註188〕

胡適無疑地是新文化運動的重要指導者，但卻與舊學術的殿軍章太炎有如此深厚的淵源，這是很值得玩味的現象。

## 五、傅斯年

北大是近代中國學術思想的重鎮，關係著全國的思潮。清末以迄民初，該校文科主要由林紓、馬其昶、姚永概等桐城文派健將共任講習。其後，章炳麟之學興，海內治國故者，奉爲大師，林、馬、姚諸人咸去大學，而章氏之門生、朋友代之，學風遂一變。〔註189〕故民初北大文科，治章氏學的風氣

---

〔註185〕同前書，頁8。
〔註186〕柳詒徵〈論近人講諸子之學者之失〉，見《柳翼謀先生文錄》，頁416。
〔註187〕同前書，頁419。
〔註188〕同前書，頁420。
〔註189〕案：林紓《畏廬續集》（臺北：文海出版社，《近代中國史料叢刊》第三九三）中〈與姚叔節書〉即憤此事。文中曰：「夫瞢然不審中國四千餘年繼紹之絕學，則蔽於東人之言，此少年輕獧者所爲，雖力攻吾學，而不即隳墮於其手，散在庸妄鉅子（案：指章太炎），剽襲漢人餘唾，以撝撊爲能……侈言於眾」（頁16）。張舜徽《清人文集別錄》敘及此事，見該書頁640。

非常盛，關於此點，當時就讀北大的毛子水提供了有力的證明；他說：

> 當時北京大學文史科學生讀書的風氣，受章太炎先生學說的影響很
> 大。〔註190〕

即以傅斯年（孟眞）爲例，毛氏說：

> 傅（孟眞）先生最初亦是崇信章氏的一人。〔註191〕

毛氏的描述相當可靠；傅樂成的《傅孟眞年譜》中引伍俶的一條資料，爲毛
子水的敘述作了親證。他說：「民國五年下半年，在北大上課的第一天，到
他（指傅斯年）枱子一看，放了幾本《檢論》，上面有了紅色的批點……」。
〔註192〕章氏學風所帶來的影響，近人有十分恰當的估測：

> 當時（案：指新文化運動前後）的北大……在學術路線上，我想是受
> 著太炎學派的影響。好好精讀《章氏叢書》，尤其是《檢論》一類文
> 章後，就使不受西洋學術的影響，必能跳出「經生」的圈子。〔註193〕

從新文化運動的兩個年輕健將傅孟眞與顧頡剛身上，都可以充份印證這份影
響。傅、顧二氏皆是先曾受到章太炎的影響，而後來卻很快地衝出先人的樊
籬，走向更徹底、更激烈的批判傳統的路上去，故在文字中不覺對章氏露出
輕蔑之色，但吾人不能憑此材料簡單地斷定他們的思想竟與章氏毫無關係。
關於這一層，毛子水曾以傅斯年爲例，做十分透闢的分析，說：

> 終因〔傅斯年〕資性卓犖，不久就衝其章氏〔指章太炎〕的樊籠，
> 到後來提到章氏，有時不免有種輕蔑的語氣。與其說是辜負啓蒙的
> 恩德，毋寧說是因爲對於那種學派用力較深，所以對那種學派的弊
> 病也看得清楚些，遂至憎惡也較深。〔註194〕

譬如在「反孔」這一點上，傅氏便承認章太炎當年破除孔子的力量影響之大；
他說：

> 章（太炎）先生現在雖然尊崇孔子，當年破除孔子的力量，非常之
> 大。〔註195〕

---

〔註190〕毛子水《師友記》（臺北：傳記文學出版社，1978年），〈傅孟眞先生傳略〉，
　　　　頁92。
〔註191〕同前引。
〔註192〕《傅斯年全集》第一冊，頁261。
〔註193〕程滄波，《歷史文化與人物》，〈記傅孟眞〉，頁172。
〔註194〕同註67。
〔註195〕《傅斯年全集》，〈清代學問的幾種門徑書〉，第四冊，頁1459。

中國人的思想到了這個時期，已經把孔子即眞理一條信條搖動了。
〔註196〕

傅氏的文字中直接提及章氏的地方不多，故此處無法再對他與章氏的思想源承關係作更深的推求。

## 六、顧頡剛

　　對傅斯年的同學顧頡剛而言，他也是先受到章太炎的影響。在《古史辨・自序》上，他說：民國二年冬天，章太炎在北平化石橋共和黨本部開國學會講學，毛子水邀他同往報名聽講，章氏的「淵博、又有系統、又有宗旨和批評」使他佩服極了。〔註197〕這時，他受自章氏的影響，主要有三點：第一、反對孔教。第二、視六經爲史書。他說：「古文家主張六經皆史，把孔子當作哲學家和史學家看待，我深信這是極合理的。我願意隨從太炎先生之風，用了看史書的眼光去認識六經，用了看哲人和學者的眼光去認識孔子」。〔註198〕第三、由章太炎的反「通經致用」使顧氏意識到：「學問固然可以應用，但應用只是學問的自然的結果，而不是著手做學問時的目的。從此以後，我敢於大膽作無用的研究，不爲一般人的勢利觀念所籠罩了。這一個覺悟眞是我的生命中最可紀念的，我將來如能在學問上有所建樹，這一個覺悟決是成功的根源。追尋最有力的啓發，就在太炎先生攻擊今文家的『通經致用』了。」〔註199〕

　　前面說過，傅斯年、顧頡剛這一代的學者，他們先後受到章太炎或康有爲的影響，但雖踏著先人的腳步前進，卻又衝破先人的樊籠。以顧頡剛爲例，章太炎的「六經皆史」說與康有爲的「託古改制說」先後對他產生過相當大的影響。他後來發起的「古史辨運動」，其中有一大部份就是清理由漢代到章、康二人所代表的今古文之爭所遺留下來的「公案」，〔註200〕但他也很快地把

---

〔註196〕同前書，頁 1458。
〔註197〕《古史辨》第一冊，顧頡剛〈自序〉，頁 23。
〔註198〕同前書，頁 24。
〔註199〕同前書，頁 25～26。
〔註200〕顧頡剛，《秦漢的方士與儒生・序》，頁 7，記民國九年時錢玄同告以：「……今文家攻擊古文經僞造，這話對；古文家攻擊今文家不得孔子眞意，這話也對。我們今天，該用古文家的話來批評今文家，又該用今文家的話來批評古文家，把他們的假面目一齊撕破……。」而顧氏覺得：「這番議論從現在看來也不免偏，偏在都要撕破，容易墮入虛無主義。但在那時，當經學家在今、古文問題上長期鬥爭之後，我覺得這是一個極銳利、極徹底的批評，是一個

章、康二人所代表的「家法」「一齊撕破」，邁入另一個里程。就這一點來說，由章、康二人對顧氏的影響正足以看出這兩位經學大師是整個傳統經學與現代史學的過渡點。

　　以上試著分析幾位新文化運動健將與章太炎的思想關聯。這主要是為了回答一個問題：究竟在無數導致新文化運動興起的原因中，章氏佔著什麼樣的位置？在該運動質的形成與量的擴張中，章太炎的思想是否，並且到何程度地曾參與發揮作用？此處可以斷言：他與這個運動有相當重要的關聯（尤其是整理國故及反傳統方面）；但這決不意味他的影響始終存在於這整個運動中，或上述幾位受他影響的學者是以章氏的思想作為其終身指標；事實上在新文化運動期間，章氏甚至已成被攻擊的對象了。

---

　　撃碎玉連環的解決方法，我的眼前彷彿已經打開了一座門，讓我們進去對這個二千餘年來學術史上的一件大公案作最後的判斷了」。

# 第七章　結　論

這本論文是圍繞著四個主題展開的：章太炎的出現及其思想史背景、他的民族思想及排滿行動、他的社會政治思想、對儒學傳統的衝擊及影響。這裏想利用結論的機會，把上面幾個主題略作回顧與補充。

## 一、章太炎的民族思想

毫無疑問的，章太炎對近代中國最大的貢獻是提倡民族主義，爲排滿革命建立強固的理論基礎，民國建立之後，他雖只擔任過一些不甚重要的職位，但「中華民國」一名之出自他的〈中華民國解〉，不正是對他的倒滿事業最公正的評價與可貴的紀念嗎？清季革命事業興起，在思想戰場上遭遇到立憲派嚴重的駁難。立憲派之所以能說服國人是以文化民族主義爲理由，主張滿族在文化上與漢族已相去不遠，可以進而「中國之」，章太炎則宣傳部族隔離主義與之相抗。他的論點反覆的出現在各種文字中，但以〈中華民國解〉爲其大宗，在這篇文字中他強調「中華」的「華」字是因其祖先來自西方，「就華山以定限名其國土」，〔註 1〕而不是「文化」的意思，故不能「專以禮教爲標準」〔註2〕來定是否爲中國人。關於這一點，本書第三章中已有詳細的討論。

〔註 1〕〈中華民國解〉，《叢書》，頁 781。
〔註 2〕同前引。案：〈中華民國解〉是章氏爲回答晚清所謂「金鐵主義者」的辯難而寫的。在這篇論文中他除一再強調滿族天性的惡劣（頁 748）外，還對吏治問題（頁 784～785），成立國會的問題（頁 785），革命成功後的版圖問題（頁 783），及將來對待藩屬的政策（頁 785）等作了廣泛的討論。他建議中華民國成立以後應成立三個總督府分治蒙古、新疆、西藏；必要時應允許它們獨立，但是對緬甸、越南則應予收復（頁 783）。

文化民族主義是中國自古以來所最習慣的一種思考方式，設若當時沒有章氏起而以嚴格的部族隔離主義相駁，立憲派的論點或將披靡一世，而革命亦必被視爲叛變犯順，完全得不到廣大人民的支持。當數億漢人盡陶醉於滿漢一家，皇恩浩蕩之際，太炎出而揭破意識型態的迷霧，於今思之，寧非推倒一世之壯舉乎？

## 二、章太炎的思想背景及儒學傳統的動搖

誠如本書第二章中已說過的，章太炎的思想形貌決非平地突起的，而是由其前人爲之做了相當長久的準備工作。

太炎是秉承古文家傳統最爲深厚的人，但吾人千萬不可以誤會他與清代的古文健將們在思想上是完全相彷彿的，更不能誤以爲他對古文經的觀點一開始就確立了。事實上，他除了繼承其前驅們深厚的遺產外，更因爲與今文家長期的纏鬥，而一次又一次的修改自己的立足點，也一步又一步地背離了清季古文經的家數，推展到一個在他的前輩們看來相當奇異的境地。所以在「古文家」這個稱呼下的章太炎與早期的古文家已相當不同。要說明這一個現象並不容易。舉個例說：章氏將劉歆視爲古文經的樞紐人物，並將他提高到與孔子相等的地位，這是過去的古文家所完全不曾料想過的，而章氏之所以敢大膽爲此，主要是受康有爲的《新學僞經考》的挑戰。故他雖然攻擊康有爲，而其實在某種程度上依據著康氏的思維。

章氏受清代古文傳統最大的影響是在將六經歷史文獻化的工作上。對浸淫於儒學傳統的人而言，六經是一套內容極豐富的象徵系統，其中尚包括許多神話性的色彩。學者在從事解經工作時可以有兩種態度，一種是脫神話（demythologizing），一種是掃除神秘主義（demystification）。後者是清除掃蕩六經中的神話象徵，只保留現代人認爲合理的部份。前者並不這樣做，他們把神話當作通往神聖（sacred）的一扇窗戶，藉著解釋這些象徵來獲得一些原創的，尚未被闡發的意義。〔註3〕本來，考證學的終極目標是把孔子的「道」正確地宣達給當代人，而作爲爲道服務的最佳途徑之一便是把過去覺得僻奧難解的經文（尤其是帶有神話色彩的部份）換成平白可解。故經學大師王引之說他主要是以三代和今世的「舌人」自居，〔註4〕而他及王念孫對經學最大

---

〔註3〕參見 Richard E. Palmer, *Hermenutics*（Northwestern University Press, 1969），頁 49。
〔註4〕龔自珍〈工部尚書高郵王文簡公墓表銘〉，見《龔自珍全集》（臺北：河洛出

的貢獻也就在這裏。但他們在轉譯的過程中，常把六經中的神秘色彩掃蕩淨盡。我們知道，二王父子對經典中介詞的研究最為深入，也最常調動經文中的介詞來達成使它平白可解的目的，必要時甚至願意「以己意逆經意」。在《經義述聞》的〈序〉上，王引之對他父親的解經態度作了如下的描述：

> 大人又曰：說經者期於得經意而已。前人傳注不皆合於經，則擇其合經者從之。其皆不合，則以意逆經意，而參之他經，證以成訓，雖別為之說，亦無不可。必欲專守一家，無少出入，則何劭公之墨守，見伐於康成者矣。故大人之治經也，諸說茲列。則求其是，字有假借，則改其讀，蓋熟於漢學之門戶，而不囿於漢學之藩籬者也。
>
> 〔註5〕

本來經典作者與後來解釋者就是處於兩套不同的世界觀的，而這兩套不同世界觀的差別實際上是兩種思考方式的差別，從事解釋時，至少可以有兩種作法，一種是把經典原作者的「道」從過去的世界觀中解放出來，一種是以現代的世界觀去驅逐古人的世界觀。王念孫所說的「以己意逆經意」使現代人讀來明白可解，常常就是以現代人的宇宙觀去驅逐古人的世界觀，因此六經裏便不許有違反現代世界觀的東西，故轉譯的過程常就是掃除神秘性的過程。譬如《尚書·甘誓》的「威侮五行」一語，過去多解為「威虐而侮慢」〔註6〕五行，以後來者的觀念看來，五行如何加以威侮呢？故王引之把它換成當時人明白可解的道理：

> 引之謹案：威侮二字，義不相屬，威為暴虐，侮為輕慢，不得合言虐慢也。且人於天地之五行，何暴虐之有乎？疑當作烕。烕者，蔑之假借也。蔑、輕也。蔑侮五行，言輕慢五行也。《逸周書·克殷篇》：侮蔑神祇不祀。《史記·周本紀》：滅作烕，倒言之，則曰蔑侮。《說苑·指武篇》：崇侯蔑侮父兄，不敬長老，是也。〔註7〕

「威侮五行」可能是遠古先人獨特世界觀下產生的想法。但在許多清儒看來，

---

版社），頁147～148。
〔註5〕 見《經義述聞·序》（商務印書館「國學基本叢書」）冊一，頁5。
〔註6〕 見《尚書·甘誓》孔穎達《正義》（嘉慶二十年重刊宋本），總碼頁98。
〔註7〕 《經義述聞》卷三，冊二，頁122。此外像解釋〈洪範〉中的「王道蕩蕩」，王引之便將「蕩蕩」作「平平」解，而不像《尚書正義》說是「開闢」。二王父子的這種調換方法必須把他們的註解與前人的註解仔細比對才能察出。同前書，頁104。

可能並不合理,故王引之以「威與威形極相似,世人多見威,少見威,故威字譌而爲威」的理由,將「威侮五行」這句經文的意義換成今人可以理解的「蔑侮父兄,不敬長老」,這樣作的原初用意是爲使人們易於見「道」,但實際影響卻是步步掃除六經史事的神秘性。太炎深深了解六經中的神秘色彩是使它顯得神聖化的重要原因之一,故他會說鄭玄等學者解六經時故意「詰詘其義,以見經文之奧妙」。〔註 8〕太炎的許多解經文字都自覺地在繼承二王掃除神秘主義,故不管是解釋「明堂」、「辟雍」、「清廟」或「履帝武敏」、「匪寇婚媾」等都將其神聖性剔除了,作現代人看來合理的解釋(在第六章第三節中已有詳述)。本來,清代的古文家雖多傾向於把六經當成史看,但也還想從中得出治國平天下的「道」,章太炎則把六經當成荒古時代歷史文獻,認爲由經以見道是愚行,故當康有爲大談古代的「冢宰」〔註9〕爲現代民主宰相之濫殤時,太炎也以古代宰相用奴說〔註 10〕報之。他對六經的新解釋,嚴重暴露中國「黃金古代」拙陋的眞面目,使六經的神聖性發生根本的動搖,也使由經見道,援道濟世的千古大理想崩墜。故章氏在古文經學上的成就雖標幟著清代考證學之勝利,但如果不是在「通經致用」的前提下研究經學,那麼經學又有什麼獨特的意義呢?所以他的成就也正是傳統經學的失敗。故就某種層面說來,清代的古文經學是鑄造了打敗他自己的武器。

清代中期以來諸子學的興起也關係太炎思想至鉅。本來,諸子學之得以興起是有一個很重要的動力的——欲明孔子之「道」。因爲孔子與諸子或爲並世之人,或年代相距不甚久遠,故他們對孔子的記載究竟要比兩漢經師來得眞確。諸子學復興過程中的關鍵人物江瑔便在其《讀子巵言》中表達他因想「明孔子之學」的眞象乃主張復活諸子的想法:

> 余固素尊孔子,深惡夫王充、劉知幾諸人肆然爲〈問孔〉、〈疑經〉
> 諸篇者也。然與其徒尊孔子而不明孔子之學,何如明孔子之學而道
> 愈尊。〔註11〕

墨子既與孔子並世,則想了解孔子在春秋時代的眞面目時,不能不借助於墨子的記載,故說:

---

〔註 8〕 《菿漢微言》,《叢書》,頁 952。

〔註 9〕 康有爲,《官制議》(臺北:文海出版社,《近代中國史料叢刊・續集》第八十七)卷二,頁 15～22。

〔註10〕 〈官制索隱〉,《叢書》頁 687。

〔註11〕 《讀子巵言》第六章,頁 48。

> 善乎汪中之言曰：自儒者言之，孔子之尊，固生民以來所未有矣。
> 自墨者言之，則孔子魯之大夫也。〔註12〕

江瑔並沒說錯，如果回到春秋時代，孔子即不是生民以來未曾有，只是一大夫而已，而且這個大夫與墨子地位相差並不大。

想了解孔子在春秋時代之眞面目是諸子學得以興起的一個要因，但緊接著諸子成功的復活而來的一個結果卻是孔子地位之崩墜。孫星衍集諸子書中的孔子事迹爲《孔子集語》所帶來的意外影響即是佳例。當然，從子書中集孔子事迹並不自孫氏始，早在宋代就有薛據作《孔子集語》，孫星衍說薛氏的書不收見於《曾子》、《大戴記》、《孔叢子》、《家語》、《左傳》、《莊子》、《列子》、《荀子》中的孔子事迹，〔註13〕足見薛書仍有其內在限制。乾隆年間，陳士珂也作了一部《孔子家語疏證》，他是大量引述諸子書中的孔子事迹的，但是我們仔細尋索全書，發現他決不相信諸子書上反孔的材料，這不是尋常的忽視，而是有意的忽視。〔註14〕到了孫星衍的《孔子集語》，在這部書中，《莊子》、《列子》等書中的非儒反孔之語都被盡可能求其完備地收入，成了一本卷帙甚巨的孔子傳記，難怪章太炎會繼孫氏之後摭諸子書中的孔子事迹爲眞，認爲「錄在彼書者，轉可信爲勝義」。〔註15〕乃以諸子書中的孔子事迹爲依據寫成非儒反孔最爲激烈的〈諸子學略說〉了。

章氏思想的另一重大支柱是在晚清復活的唯識學。本來，在光緒卅年（1904）以前章氏頗醉心於進化論，並與曾廣銓合作迻譯《斯賓塞文集》以介紹是說，但經過蘇報獄後，唯識學取代進化論成爲其思想支柱。在擧國傾心西化之際，他獨傾心印度化，處處援唯識之說以對抗西學（如〈俱分進化論〉）。西化也好、印度化也好，中國傳統文化在他們心目中都變成第二義的了。更且，唯識學的根本精神是完全與儒家的倫理性社會結構相乖離的，因爲它認爲人類社會中的各種「計度分別」都由人的「差別妄念」所造成，全然不是眞實的，而儒家的社會結構卻正是以講「分別」的「禮」來維繫的，故太炎對唯識學的發揮實亦代表著他對儒家社會政治理想的非難。

---

〔註12〕 同前書，頁49。汪中的話原見《述學‧內篇》頁2。
〔註13〕 見孫星衍《孔子集語》（《子學名著集成》），頁3。
〔註14〕 陳士珂《孔子家語疏證》（臺北：商務印書館，1976年），從陳氏族人爲該書寫的〈序〉可約略看出陳士珂的態度，見頁1。
〔註15〕 〈大乘佛教緣起考〉，《叢書》，頁913。

此處特費筆墨討論太炎的幾個主要思想淵源與他後來形成的反傳統思想之間的關係倒不是想把他的反傳統思想說成是一種歷史的必然性，而毋寧是希望特別注意到它背後深遠的因素而已，事實上，任何歷史現象的出現，背後的深遠因素與適然因素都同樣值得重視。

## 三、社會政治思想

章太炎的社會政治思想有四個特色：第一、在現實的層面上，他認爲近代中國之衰弱不是因爲「法弊」，一切窳敗的現象都是因爲滿族貪叨之習所造成，故只要光復中土，即可挽救，不必汲汲由西方引進不合國情的代議立憲政治，而只需回到中國傳統「政法美俗」之中，以名法之治維其本，藉者嚴格公正的法治，保障每個人各在適其才性的位置上工作，達到他所謂的「齊不齊以爲齊」的境界。

第二、在超越的層面上，章太炎提出反對所有社會建制的五無與四惑思想，一方面提倡激烈的個體主義，要求將個人從舊的社會結構中解散出來。一方面要求打破所有首出群倫的規範。故他視家庭爲人類逞其淫欲的副產品，視各種組織爲野蠻的產物。在五無與四惑的世界裏，所有儒家治國平天下的理想都受到嚴重的挑戰。

第三、章太炎是個激烈的平民主義者。前面已提到，章氏是提倡個體主義，故他反對任何團體加予個人的束縛，認爲個人才是最終的價值之所在，人們不可以爲了國家社會而犧牲個人。他對佔支配地位的階層極爲厭惡，故反對所有階級分殊，對君王、英雄、官吏、豪民、商賈、地主，甚至議士，都全力排擊；並贊成儒俠的存在以爲平民伸冤抑，贊成罷工運動以伸工人之不平，並希望建立大公無私的法吏制度來保障平民的權利。但現實世界全然不可能這樣，這使他感到無比的痛苦，時時在筆端中流露出悲觀的色彩，近人蕭公權形容他是「中國歷史上最悲觀的政治思想家」。〔註16〕

第四、在唯識的洗禮下，章氏把個體從既存的結構中解放出來，只肯定每一個體的價值與尊嚴；接著又在《莊子‧齊物論》的薰陶下，發展出「齊物」思想，二者有著非常緊密的關聯。「齊物」可說是他的社會政治思想之最後定論。它堅持每一個體都可以擁有自己的一個標準，不必受任何首出群倫

---

〔註16〕蕭公權，《中國政治思想史》（臺北：中華文化出版事業委員會，1954年）第六冊，頁870。

的標準所籠制，世界文化亦不必求其大同，而人類文化之最可貴處也正是在每個文化之間各有著獨特性，最重要的不是去尋求統一，而是對相互間的差異抱同情的理解。章氏尤其強調不同文化都擁有自己的標準，故不管是「文」、「野」、「愚」、「智」都沒有高下之分。從某些層面看來，這個說法與孔恩（Thomas Kuhn）所說的「不可比較性」（incommensurability）頗有相通之處。照孔恩的說法，人們其實是被囚禁在自己文化的理論、期望、經驗、語言所形成的架構之中，所以較難於與不同文化之人溝通。不同文化之間並沒有一套共同的標準可以衡量孰高孰下，但這並不意味著它們之間沒有重疊的語言、問題、資料等，只不過是它們的核心意義不同了。因而，在面對陌生文化時，不可以盲目地將偏見或曲解加諸其上，也不可用主觀的好惡（subjective taste）去衡量它而動輒說依我們的標準看來如何。近代西方人進入到亞洲時正是假定有一普遍的網路可以測度其他文明進步的程度（因為他們認為所有文明都可以用西方人的詞彙加以複製（reproduce））。〔註 17〕太炎以齊物思想一方面將中國傳統諸子百家的價值相對化，打破舊日的尊卑秩序，另方面也將中西文化的價值相對化，打破近代「文明階梯」的觀念。他警告西方人收起他們那一套標準，不必「橫欲以己之嫻奪人之陋」，〔註 18〕尤其是不必想以西方人的標準來改變中國，進而君臨中國。太炎的齊物思想之優點是提醒人們同情其他文化傳統與價值的多元性，其缺點是它為所有保守現狀的要求提供了理據——太炎本人不是一再強調應讓「野者自安其陋，都者得意于嫻」嗎？〔註 19〕

章太炎是位相當獨特的思想家，其思想內容極為豐富，決不可能以數語概括。不管我們贊同或反對他的思想，他一生的工作早已成了中國近代歷史的一部份了。

---

〔註 17〕 Bernstein J. Richard, *Beyond Objectivism and Subjectivism*（University of Pennsylvania Press, 1983），主要是頁 79～108、141～142。
〔註 18〕 《齊物論釋》，《叢書》，頁 349。
〔註 19〕 同前引。

# 附錄：「群」與倫理結構的破壞

　　有不少人感到納悶：爲何「五四反傳統主義者以爲個人主義的諸價值對於促進民族主義的實現，能發生有效的功能」，〔註1〕爲何有許多思想家以打破中國舊有的倫理結構爲愛國救國之手段？這個現象必須從五四前一代知識份子的思想去理解才能得到答案。

　　清末中國面臨西方挑戰達到空前未曾有的高度，愛國志士們紛倡「群」學——也就是動員全國力量以應付西方的挑戰。按照常理：若講群學應該盡全力團結全國現有的大小及性質不同的社群，但是因爲清末志士所希望的是急速而徹底的動員，故要求全國所有力量急速向最高主體凝聚，並將最高主體的政治主張急速滲透到國民全體。爲了有效的完成凝聚與滲透兩種過程，則必須將阻隔於國民與國民之間的勢力或機構加以排除。〔註2〕

　　本來，現代國家與古老國家的最大不同點就在「凝聚」與「滲透」的效度之不同，但將「凝聚」與「滲透」的效度要求到最極處，就是一般所說的軍國主義，惟有這種制度才可能把廣土眾民之國像一部機器般有效率地控制與運轉著。晚清的許多思想家對中國未來的憧憬便是這樣的制度，當時的「軍國民教育會」便是個最好的例子。但任何想推展這種理想的人，會馬上碰到中國內部強大的阻力，這些阻力是基於鄉士愛及血緣紐帶所構成的各種小社群，尤其以散佈各地的家族爲主。套用德國史學家邁乃克的話說，這些宗族

〔註1〕　見林毓生〈五四時代的激烈反傳統思想與中國自由主義的前途〉，收在《思想與人物》（臺北：聯經出版公司，1983年），頁145。
〔註2〕　這是借自丸山眞男的觀念，見《日本政治思想史研究》，徐白、包滄瀾中譯本（臺北：商務印書館，1980年），頁257。

社群是仍受天然條件圍限的「植物性國民」。〔註3〕章伯對中國社會的這個獨
特現象有相當精闢的分析。他認為這個古老帝國表面上看起來是一個整體，
其實內部是星羅棋佈的小親族團體，它們是中央政府的力量所無法浸透的地
方，〔註4〕所以中國實際上是不完全的統一帝國。

　　本來，人類本能的鄉土愛及血緣愛也是培養國民意識的基本條件之一，
〔註5〕但這兩種愛是受天然條件之限制的，隨著土地與血緣的遠近親疏而愛有
差等，儒家主要就是講有差等的愛，它與基督新教所說超越倫理結構的普遍
愛是根本不相同的，〔註6〕而當要求國民緊急向國家的最高主體凝聚時，唯有
捨棄這種被鄉土及血緣所決定的差等愛，打破因鄉土及血緣所構成的小團
體，將所有國民從這些舊藩籬(fetter)中解散出來，以新的方式再加入(rejoined)
全國性的大社群中。如果依社會思想家托尼斯（Ferdinand Tönnies）的說法，
經過「再加入」手續的社群稱為 Society，而集合血緣、傳統、歷史因素組成
的社群，稱為 Community，前者與後者最大的差別便是，生活在後者的個人
相互之間不是靠倫理關係，而是靠契約（Contractual agreement）關係來維持
的。〔註7〕

　　對清末民初的中國而言，欲作到「群」有兩條途徑：一是縱的集中：晚
清思想強烈要求「通」上下之情即是出於這種要求。一是橫的集中：他們大
膽地要求打破中國傳統的倫理結構。

　　章太炎早年（1894）即寫過〈明獨〉一文，提出想完成「大群」則必須
先「大獨」的想法。他說：「夫大獨必群，不群非獨也」，又說「大獨必群，
群必以獨成」、「小群，大群之賊也；大獨，大群之母也」，〔註8〕都是在說明

---

〔註3〕　同前引。

〔註4〕　見 Max Weber: *Religion of China*, trans. by H. Gerth （Free Press, 1968），pp.110
　　　　～113。

〔註5〕　同前書，頁 256。

〔註6〕　見《基督新教的倫理與資本主義精神》，張漢裕節譯本（臺北：協志出版社，
　　　　1960 年），頁 50。

〔註7〕　轉見 Kenneth W. Stikkers 為 Max Schler 的 *Problems of a Sociology of Knowledge*
　　　　英譯本（Routledqe & Kegaon Paul, 1980）所寫的「介紹」，頁 8。涂爾幹也認
　　　　為社會結構的改變主要是「社會紐帶」（social ties）的改變，也就是個體以一
　　　　個新的方式加入社會（is joined to society in a new manner），見 Anthony Giddens
　　　　的 *Introduction: Durkheim's Writings in Sociology and Social Philosophy*，收在
　　　　Emile Durkheim: *Selected Writings*（Cambridge University Press, 1972），pp. 82。

〔註8〕　見〈明獨〉，《章太炎選集》，頁 2～3。

中國人唯有能從舊的親族團體（小羣）中解放出來成為「大獨」，方有可能達到全中國的「大羣」，如果仍拘守在舊的親族團體中，永遠不可能「羣」。但〈明獨〉一文所標示的思想，仍是相當溫和，一直到光緒三十三年左右才有了變化。在這一年中，章氏寫下代表激烈軍國主義的〈社會通詮商兌〉。以軍國主義為愛國救國之手段，而又以盡破傳統宗法社會為達到軍國主義之手段。我們來看幾段這方面的文字：

> 今吾黨所言民族主義，……惟自訓國人，使人人自競為國禦侮之術，此則以軍國社會為利器，以此始也，亦必以終，其卒乃足以方行海表，豈沾沾焉維持祠堂族長之制以陷吾民於大洗深谷中者？〔註9〕

又說他所謂的民族主義正是要以「鎔解」宗法社會為其手段：

> 且今之民族主義非直與宗法社會不相一致，而其力又有足以促宗法社會之鎔解者。夫祠堂之制今雖差愈於歐洲，要其僕邀之體，褊陋之見，有害於齊一亦明矣，人情習其故常，而無持更叫旦者於左右，則夢寐為之不醒。今外有敵以乘吾隙，思同德協力以格拒之，推其本原，則曰以四百兆人為一族而無問其氏姓世系，察其操術，則曰人人自競盡爾股肱之力，以與同族相繫，維其支配者，其救援者皆姬漢舊郡之巨人，而不必以同廟之親……人亦有言：中夜失火，則姻親不如比鄰，故內之以同國相維，外之以同患相救，當是時則惟軍國社會是務，而宗法社會棄之如脫屣耳。〔註10〕

宗法社會之所以當摧破，是因為它的「褊陋之見，有害於齊一」，換句話說，它阻礙了力量向最高主體凝聚。這在過去還差可忍受，但「今有外敵乘吾隙」，則必須破除散佈各地的倫理社羣，「以四百兆人為一族而無問其民姓氏系」。太炎復說明欲實踐民族主義則需實施軍國主義：

> （會黨）視同姓之弟昆常不如其內會……已足以鎔解宗法社會，使無復煙炭餘滓之留，又況吾黨所稱之民族主義所恃以沃灌而使之孳殖者，舍軍國社會而外無佗法乎。當其萌芽，則固無宗法社會之迹矣，及其成就，則且定法以變祠堂族長之制而盡破宗法社會之則矣……乃至言地方自治者亦或以省界、府界為疆䵓，不容以佗人而參吾事，而吾黨之言治者，與彼正相反，村落陋見，猶當息之，何

---

〔註 9〕　〈社會通詮商兌〉，《叢書》，頁 828。
〔註10〕　〈社會通詮商兌〉，《叢書》，頁 829～830。

有於族會，以此繫於政治之民族主義而破宗法，猶秦皇之統一六合

以破封建之列侯。……吾黨所持者，非直與宗法無似，而其實且與

之僢馳……。〔註11〕

若想振興中國，則惟有作到「視同姓之弟昆常不如其同會」的境地，也就是
要超越倫理結構，以普遍愛取代有差等的愛，欲達此目的，只有「變祠堂族
長之制」，以盡破宗法社會將個人從其束縛中解放出來作為力行民族主義之手
段，亦即是把中國的團結建立在打破倫理結構上。這一思想在晚清相當普遍，
與章氏同時代的譚嗣同便要求「破對待」及「衝決網羅」，〔註12〕柳亞子也有
類似的話：

我待要山河破碎，把祖國新造。〔註13〕

劉師培也說：

群龍無首他無事，好與驅除萬惡門。〔註14〕

他們所揚言的「山河破碎」、「群龍無首」無非都在指稱打破舊的倫理結構的
束縛。

過去那種由鄉土、血緣的遠近親疏所決定的有等差之愛，現在要改造成
超越倫理結構的普遍愛。康有為在清末提倡墨子的「兼愛」（即愛無差等。這
種思想在孟子看來是所謂「禽獸之行」的）。譚嗣同在衝決各種名教綱常之網
羅後，只保留五倫中的「朋友」〔註15〕一倫，也是要求超越倫理結構的普遍
愛的表現。譚氏的《仁學》上有一段文字說：

自孔耶以來，先儒牧師所以為學，莫不大倡學會，聯大群，動輒合

數千萬人以為朋友。……為孔者知之，故背其井里，捐棄其君臣父

子夫婦兄弟之倫……夫朋友豈真貴於餘四倫而已，將為四倫之圭

臬。而四倫咸以朋友之道貴之，是四倫可廢也。〔註16〕

所謂「合數千萬人以為朋友」即是所謂大群，但譚氏竟是以「捐棄其君臣父
子夫婦兄弟之倫」為成大群的前提。

〈社會通詮商兌〉發表後六個多月，章氏又寫下〈五無論〉（光緒三十三

〔註11〕同前文，頁 830。
〔註12〕《譚嗣同全集》，《仁學》，頁 4 及 33。
〔註13〕轉引自楊天石、劉彥成合著《南社》（北京：中華書局，1980 年），頁 37。
〔註14〕同前書，頁 38。
〔註15〕《譚嗣同全集》，《仁學》，頁 67。
〔註16〕同前書，頁 67。此外，頁 28、12 都有相關資料。

年九月廿五日），及〈國家論〉（同年十月廿五日），更激烈地主張要把個人從家庭、社會、國家等所有組織中解散出來。從解散出個人這一層面看，我們可以將這兩篇文章視爲是〈社會通詮商兌〉的延續，但二者又有一個明顯的不同：在〈商兌〉中，解散出來的個人是要再加入軍國社會的，可是在〈五無論〉與〈國家論〉中完全沒有安排這一條出路，〈商兌〉之後也從不曾再見到章氏倡軍國主義，足見短短六、七個月間，章氏的想法有著激烈的變動。

清末民初思想界要求盡破倫理結構的束縛以便急速動員全國力量，自然是受了國難的刺激，但是這一脈思想對後來中國命運的發展起了不小的影響。毛澤東統治中國後口口聲聲要把江山打爛重新再造，並把所有人民從家庭中驅出，加入毫無血緣關係的人民公社，固然是受了共產思想的影響，但亦何嘗不也受了清末民初這脈思潮的鼓勵乎？

# 主要參考及引用書目

## 一、中、日文

### （甲）史　料

1. 章太炎，《章氏叢書》（臺北：世界書局，1958 年）。

   內含《春秋左傳讀敘錄》一卷、《劉子政左氏說》一卷、《文始》九卷、《新方言》十一卷、《小學答問》一卷、《說文部首均語》一卷、《莊子解故》一卷、《管子餘義》一卷、《齊物論釋》一卷又重定本一卷、《國故論衡》三卷、《檢論》九卷、《太炎文錄》初編二卷、補編一卷、別錄三卷、《菿漢微言》一卷、《廣論語駢枝》一卷、《體撰錄》一卷、《太史公古文尚書說》一卷、《古文尚書拾遺》二卷、《春秋左氏疑義答問》五卷、《新出三體石經考》一卷、《菿漢昌言》六卷。

2. 章太炎，《國故論衡》（臺北：廣文書局，1977 年）。

3. 章太炎，《訄書》（臺北：世界書局，1971 年）。

4. 章太炎，《章太炎的白話文》（臺北：藝文印書館，1972 年）。

5. 章太炎，《國學概論》（臺北：聯合圖書公司，1968 年）。

6. 章太炎，《國學略說》（臺北：河洛圖書出版社，1974 年）。

7. 章太炎，《自訂年譜》（內含〈自述學術次第〉，臺北：文海出版社，《近代中國史料叢刊》第六七二）。

8. 湯國梨編，《章太炎家書》（臺北：文海出版社，《近代中國史料叢刊·續編》第四四）。

9. 章太炎，《太炎文錄續編》（臺北：新興書局，1956 年）。

   章太炎另有不少文章刊載於：《民報》、《新民叢報》、《國粹學報》、《國故月刊》、《華國月刊》、《制言》半月刊……茲不備列。。

10. 湯志鈞編,《章太炎政論選集》(上,下)(北京:中華書局,1977 年)。

11. 朱維錚、姜義華,《章太炎選集》(上海人民出版社,1981 年)。

12. 靜葊,《章太炎文鈔》(在《當代八家文鈔》第三冊,臺北:文海出版社,1969 年)。

13. 嚴復,《天演論》(臺北:商務印書館,1977 年)。

14. 嚴復,《嚴幾道文鈔》(臺北:世界書局,1971 年)。

15. 蔣貴麟編,《康南海先生遺著彙刊》(臺北:宏業書局,1976 年)。

16. 康有爲,《孔子改制考》(臺北:商務印書館,1968 年)。

17. 康有爲,《僞經考》(臺北:商務印書館,1974 年)。

18. 康有爲,《官制議》(臺北:文海出版社,《近代中國史料叢刊·續輯》第八七)。

19. 劉師培,《劉申叔先生遺書》(臺北:京華書局,1970 年)。

20. 譚嗣同,《評嗣同全集》(臺北:華世出版社,1977 年)。

21. 黃季剛,《黃季剛先生論學名著》(臺北:九思,1977 年)。

22. 毛子水,《師友記》(臺北:傳記文學出版社,1978 年)。

23. 梁啓超,《飲冰室文集》(臺北:中華書局,1960 年)。

24. 柳詒徵,《柳翼謀先生文錄》(臺北:廣文書局,1970 年)。

25. 梁漱溟,《漱溟卅前文錄》(臺北:文景書局,1972 年)。

26. 林紓,《畏廬續集》(臺北:文海出版社,《近代中國史料叢刊》第九三九)。

27. 顧頡剛,《古史辨》(七冊)(臺北:翻印本)。

28. 顧頡剛,《史林雜識》(北京:中華書局,1963 年)。

29. 魯迅,《且介亭雜文集末編》(人民文學出版社,1981 年)。

30. 魯迅,《集外集拾遺補編》(人民文學出版社,1981 年)。

31. 傅斯年,《傅斯年全集》(臺北:聯經出版公司,1980 年)。

32. 吳虞,《吳虞文錄》(上海:亞東圖書館,1925 年)。

33. 張枬、王忍之編,《辛亥革命前十年時論選集(第三卷)》(香港,三聯書店,1980 年)。

34. 胡適,《胡適文存》(臺北:遠東圖書公司,1971 年)。

35. 胡適,《胡適留學日記》(臺北:商務印書館,1980 年)。

36. 胡適,《中國古代哲學史》(臺北:商務印書館,1978 年)。

37. 章士釗,《柳文指要》(臺北:華正書局,1981 年)。

38. 黎錦熙,《錢玄同傳》(與手札合刊,臺北:傳記文學出版社,1972 年)。

39. 遠藤隆吉,《支那哲學史》(東京:金港堂書籍株式會社,1901 年)。

40. 白河次郎・國府種德，《支那文明史》（東京：博文館，1901 年）。

## （乙）相關文獻

### （1）專書部份

1. 許壽裳，《章炳麟》（南京，勝利出版社，1945 年）。

2. 湯志鈞，《章太炎年譜長編（上・下）》（北京：中華書局，1979 年）。

3. 沈延國，《記章太炎先生》（臺北：文海出版社，《近代中國史料叢刊・續集》，第一二九）。

4. 錢基博，《現代中國文學史》（臺北：文馨出版社，1976 年）。

5. 錢穆，《中國近三百年學術史（上）（下）》（臺北：商務印書館，1968 年）。

6. 錢穆，《中國學術思想史論叢（八）》（臺北：東大出版公司，1980 年）。

7. 錢穆，《莊老通辨》（臺北：自印本，1973 年）。

8. 周予同，《經今古文學》（臺北：商務印書館，1967 年）。

9. 蕭公權，《中國政治思想史》（臺北：中華文化叢書委員會，1954 年）。

10. 余英時，《論戴震與章學誠》（臺北：華世出版社，1977 年）。

11. 余英時，《史學與傳統》（臺北：時報出版公司，1982 年）。

12. 阮芝生，《從公羊學論春秋的性質》（臺北：臺大文學院，1969 年）。

13. 張玉法，《清季的革命團體》（臺北：中央研究院近史所，1975 年）。

14. 張玉法，《章炳麟》（臺北：商務印書館，《中國歷代思想家》第五一，1978 年）。

15. 吳相湘，《孫逸仙先生傳》（臺北：遠東圖書公司，1982 年）。

16. 郭湛波，《近代中國思想史》（臺北：翻印本）。

17. 亓冰峯，《清末革命與君憲之爭》（臺北：中央研究院近史所，1980 年）。

18. 賀麟，《當代中國哲學》（臺灣時代書局，1974 年）。

19. 張舜徽，《清人文集別錄（上，下）》（北京：中華書局）。

20. 李澤厚，《中國近代思想史論》（北京：人民出版社，1981 年）。

21. 唐振常，《章太炎與吳虞論集》（四川：人民出版社，1981 年）。

22. 楊向奎，《中國古代社會與古代思想研究》（上海人民出版社，1962 年）。

23. 侯外廬，《近代中國思想學說史》（翻印本，無出版時地）。

24. 任繼愈，《中國哲學史簡編》（重慶：生活書店，1947 年）。

25. 高田淳，《中國の近代と儒教》（東京：紀伊國書店，1981 年）。

26. 小野川秀美，《晚清政治思想研究》，林明德、黃福慶中譯（臺北：時報出版公司，1982 年）。

（2）論　文

1. 李守孔，〈唐才常與自立軍〉，收吳相湘編《中國現代史叢刊》第六冊（臺北：文星書店，1964）。

2. 李永熾譯，（日）小野川秀美原作〈章炳麟的排滿思想〉，刊《大陸雜誌》，四十四卷三期。收入《近代中國思想人物論・民族主義》（臺北：時報出版公司，1980）。

3. 余英時，〈五四與中國傳統〉，收入汪榮祖編《五四研究論文集》（臺北：聯經出版公司，1979）。

4. 袁英光，〈章太炎與《清建國別記》〉，《歷史論叢》，1982 年，第一期。

5. 楊向奎，〈論章太炎的哲學〉，同上。

6. 湯志鈞，〈章太炎的社會學〉，同上。

7. 汪榮祖，〈章炳麟與中華民國〉，《臺北建國史討論會論文》，1981 年。

8. 王煜，〈章太炎進化觀評析〉，收《國際漢學會議論文集・思想哲學組》（臺北：中央研究院，1982）。

9. 李潤蒼，〈章太炎是什麼派〉，《歷史研究》，1979 年第七期。

10. 郭湛波，〈章炳麟的思想〉，《輔大人文學報》，第三期。

11. 胡繩武、金沖及，〈辛亥革命時期章炳麟的政治思想〉，收《辛亥革命五十周年紀念論文集》（上）（北京：中華書局，1962）。

12. 湯志鈞，〈章太炎的歷史觀和他的法家思想〉，《文物》，1975 年 3 月。

13. 楊向奎，〈試論章太炎的經學和小學〉，《歷史學》，1979 年第三期。

14. 丁則良，〈章炳麟與印度民族解放戰爭〉，《歷史研究》，1957 年 1 月。

15. 趙金鈺，〈論章炳麟的政治思想〉，《歷史研究》，1964 年第一期。

16. 吳蔚若，〈章太炎的民族主義史學〉，收入杜維運、黃進興合編《中國史學史論文選集》（臺北：華世出版社，1976）。

17. 吳景賢，〈章太炎的民族主義史學〉，《東方雜誌》，四四卷四號。

18. 周振甫，〈章太炎的文章論〉，收入《中國文學批評家與文學批評》第四輯（臺北：學生書局，1972）。

19. 朱希祖，〈章太炎先生之史學〉，《文史雜誌》，五卷第十一、二期。

20. 高田淳，〈辛亥後の章炳麟〉，《東洋文化研究所紀要》，第六十冊。

21. 高田淳，〈戊戌庚子前後の章炳麟の思想——革政から革命へ〉，《東洋文化研究所紀要》，第五十冊。

22. 高田淳，〈章炳麟の齊物の哲學〉，《學習院大學東洋文化研究所，調查研究報告》，第十四號。

23. 近藤邦康，〈章炳麟における革命思想の形成——戊戌變法から辛亥革命

ヘ〉,《東洋文化研究所紀要》,第二十八冊。

24. 河田悌一,〈否定の思想家・章炳麟〉,收入小野川秀美、島田虔次合編《辛亥革命の研究》(東京:筑摩書房,1978)。

## 二、英　文

1. Charlotte Furth, editor: *The Limits of Change: Essays on Conservative Alternatives in Republican China*. Harvard University Press. 1976.(臺北:虹橋出版社翻印本)

(此外尚有部份一般史料與論文不及備載)